U0074369

心一堂術數古籍整理叢刊　星命類

應天歌

附格物至言

修訂版

［宋］郭程撰
莊圓校訂

心一堂有限公司
星易圖書有限公司

書名：應天歌（修訂版）附格物至言
系列：心一堂術數古籍整理叢刊　星命類
作者：〔宋〕郭程撰　莊圓校訂
主編、責任編輯：陳劍聰
心一堂術數古籍叢刊編校小組：陳劍聰　梁松盛　鄒偉才　虛白盧主　李鏘濤
莊圓　丁鑫華　天乾山人

出版：心一堂有限公司
地址／門市：香港九龍尖沙咀東麼地道六十三號好時中心LG 六十一室
電話號碼：+852-6715-0840　+852-3466-1112
網址：publish.sunyata.cc
電郵：sunyatabook@gmail.com
網上書店：http://book.sunyata.cc
網上論壇：http://bbs.sunyata.cc/

出版：星易圖書有限公司
地址：香港九龍旺角西洋菜南街十四之二十四號榮華大樓五字樓十六室
電話號碼：+852-3997-0550　+852-3997-0560
網址：http://www.xinyibooks.com

版次：二零一五年五月初版
平裝
定價：港幣　一百四十八元正
新台幣　五百九十八元正
國際書號：ISBN 978-988-8316-72-4

版權所有　翻印必究

香港及海外發行：香港聯合書刊物流有限公司
地址：香港新界大埔汀麗路三十六號中華商務印刷大廈三樓
電話號碼：+852-2150-2100
傳真號碼：+852-2407-3062
電郵：info@suplogistics.com.hk

台灣發行：秀威資訊科技股份有限公司
地址：台灣台北市內湖區瑞光路七十六巷六十五號一樓
電話號碼：+886-2-2796-3638
傳真號碼：+886-2-2796-1377
網絡書店：www.bodbooks.com.tw
台灣讀者服務中心：國家書店
地址：台灣台北市中山區松江路二〇九號一樓
電話號碼：+886-2-2518-0207
傳真號碼：+886-2-2518-0778
網絡書店：http://www.govbooks.com.tw/

中國大陸發行・零售：心一堂書店
深圳地址：中國深圳羅湖立新路六號東門博雅負一層零零八號
電話號碼：+86-755-8222-4934
北京地址：中國北京東城區雍和宮大街四十號
心一店淘寶網：http://sunyatacc.taobao.com

心一堂術數古籍 珍本 整理 叢刊 總序

術數定義

術數，大概可謂以「推算（推演）、預測人（個人、群體、國家等）、事、物、自然現象、時間、空間方位等規律及氣數，並或通過種種『方術』，從而達致趨吉避凶或某種特定目的」之知識體系和方法。

術數類別

我國術數的內容類別，歷代不盡相同，例如《漢書・藝文志》中載，漢代術數有六類：天文、曆譜、五行、蓍龜、雜占、形法。至清代《四庫全書》，術數類則有：數學、占候、相宅相墓、占卜、命書、相書、陰陽五行、雜技術等，其他如《後漢書・方術部》、《藝文類聚・方術部》、《太平御覽・方術部》等，對於術數的分類，皆有差異。古代多把天文、曆譜、及部份數學均歸入術數類，而民間流行亦視傳統醫學作為術數的一環；此外，有些術數與宗教中的方術亦往往難以分開。現代民間則常將各種術數歸納為五大類別：命、卜、相、醫、山，通稱「五術」。

本叢刊在《四庫全書》的分類基礎上，將術數分為九大類別：占筮、星命、相術、堪輿、選擇、三式、讖諱、理數（陰陽五行）、雜術（其他）。而未收天文、曆譜、算術、宗教方術、醫學。

術數思想與發展——從術到學，乃至合道

我國術數是由上古的占星、卜筮、形法等術發展下來的。其中卜筮之術，是歷經夏商周三代而通過「龜卜、蓍筮」得出卜（筮）辭的一種預測（吉凶成敗）術，之後歸納並結集成書，此即現傳之《易經》。經過春秋戰國至秦漢之際，受到當時諸子百家的影響、儒家的推祟，遂有《易傳》等的出現，原本是卜筮術書的《易經》，被提升及解讀成有包涵「天地之道（理）」之學。因此，《易．繫辭傳》曰：「易與天地準，故能彌綸天地之道。」

漢代以後，易學中的陰陽學說，與五行、九宮、干支、氣運、災變、卦氣、讖緯、天人感應說等相結合，形成易學中象數系統。而其他原與《易經》本來沒有關係的術數，如占星、形法、選擇，亦漸漸以易理（象數學說）為依歸。《四庫全書．易類小序》云：「術數之興，多在秦漢以後。要其旨，不出乎陰陽五行，生尅制化。實皆《易》之支派，傅以雜說耳。」至此，術數可謂已由「術」發展成「學」。

及至宋代，術數理論與理學中的河圖洛書、太極圖、邵雍先天之學及皇極經世等學說給合，通過術數以演繹理學中「天地中有一太極，萬物中各有一太極」（《朱子語類》）的思想。術數理論不單已發展至十分成熟，而且也從其學理中衍生一些新的方法或理論，如《梅花易數》、《河洛理數》等。

在傳統上，術數功能往往不止於僅僅作為趨吉避凶的方術，及「能彌綸天地之道」的學問，亦有其「修心養性」的功能，「與道合一」（修道）的內涵。《素問．上古天真論》：「上古之人，其知道者，法於陰陽，和於術數。」數之意義，不單是外在的算數、歷數、氣數，而是與理學中同等的「道」、「理」——心性的功能，北宋理氣家邵雍對此多有發揮：「聖人之心，是亦數也」、「萬化萬事生乎心」、「心為太極」。《觀物外篇》：「先天之學，心法也。……蓋天地萬物之理，盡在其中矣，心一而不分，則能應萬物。」反過來說，宋代的術數理論，受到當時理學、佛道及宋易影響，認為心性本質上是等同天地之太極。天地萬物氣數規律，能通過內觀自心而有所感知，即是內心也已具備有術數的推演及預測、感知能力；相傳是邵雍所創之《梅花易數》，便是在這樣的背景下誕生。

《易·文言傳》已有「積善之家，必有餘慶；積不善之家，必有餘殃」之說，至漢代流行的災變說及讖緯說，我國數千年來都認為天災，異常天象（自然現象），皆與一國或一地的施政者失德有關；下至家族、個人之盛衰，也都與一族一人之德行修養有關。因此，我國術數中除了吉凶盛衰理數之外，人心的德行修養，也是趨吉避凶的一個關鍵因素。

術數與宗教、修道

在這種思想之下，我國術數不單只是附屬於巫術或宗教行為的方術，又往往是一種宗教的修煉手段——通過術數，以知陰陽，乃至合陰陽（道）。「其知道者，法於陰陽，和於術數。」例如，「奇門遁甲」術中，即分為「術奇門」與「法奇門」兩大類。「法奇門」中有大量道教中符籙、手印、存想、內煉的內容，是道教內丹外法的一種重要外法修煉體系。甚至在雷法一系的修煉上，亦大量應用了術數內容。此外，相術、堪輿術中也有修煉望氣（氣的形狀、顏色）的方法；堪輿家除了選擇陰陽宅之吉凶外，也有道教中選擇適合修道環境（法、財、侶、地中的地）的方法，以至通過堪輿術觀察天地山川陰陽之氣，亦成為領悟陰陽金丹大道的一途。

易學體系以外的術數與的少數民族的術數

我國術數中，也有不用或不全用易理作為其理論依據的，如揚雄的《太玄》、司馬光的《潛盧》。也有一些占卜法、雜術不屬於《易經》系統，不過對後世影響較少而已。

外來宗教及少數民族中也有不少雖受漢文化影響（如陰陽、五行、二十八宿等學說。）但仍自成系統的術數，如古代的西夏、突厥、吐魯番等占卜及星占術，藏族中有多種藏傳佛教占卜術、苯教占卜術、擇吉術、推命術、相術等；北方少數民族有薩滿教占卜術；不少少數民族如水族、白族、布朗族、佤族、彝族、苗族等，皆有占雞（卦）草卜、雞蛋卜等術，納西族的占星術、占卜術，彝族畢摩的推命術、占卜術……等等，都是屬於《易經》體系以外的術數。相對上，外國傳入的術數以及其理論，對我國術數影響更大。

曆法、推步術與外來術數的影響

我國的術數與曆法的關係非常緊密。早期的術數中，很多是利用星宿或星宿組合的位置（如某星在某州或某宮某度）付予某種吉凶意義，并據之以推演，例如歲星（木星）、月將（某月太陽所躔之宮次）等。不過，由於不同的古代曆法推步的誤差及歲差的問題，若干年後，其術數所用之星辰的位置，已與真實星辰的位置不一樣了；此如歲星（木星），早期的曆法及術數以十二年為一周期（以應地支），與木星真實周期十一點八六年，每幾十年便錯一宮。後來術家又設一「太歲」的假想星體來解決，是歲星運行的相反，週期亦剛好是十二年。而術數中的神煞，很多即是根據太歲的位置而定。又如六壬術中的「月將」，原是立春節氣後太陽躔娵訾之次而稱作「登明亥將」，至宋代，因歲差的關係，要到雨水節氣後太陽才躔娵訾之次，當時沈括提出了修正，但明清時六壬術中「月將」仍然沿用宋代沈括修正的起法沒有再修正。

由於以真實星象周期的推步術是非常繁複，而且古代星象推步術本身亦有不少誤差，大多數術數除依曆書保留了太陽（節氣）、太陰（月相）的簡單宮次計算外，漸漸形成根據干支、日月等的各自起例，以起出其他具有不同含義的眾多假想星象及神煞系統。唐宋以後，我國絕大部份術數都主要沿用這一系統，也出現了不少完全脫離真實星象的術數，如《子平術》、《紫微斗數》、《鐵版神數》等。後來就連一些利用真實星辰位置的術數，如《七政四餘術》及選擇法中的《天星選擇》，也已與假想星象及神煞混合而使用了。

隨着古代外國曆（推步）、術數的傳入，如唐代傳入的印度曆法及術數，元代傳入的回回曆等，其中我國占星術便吸收了印度占星術中羅睺星、計都星等而形成四餘星，又通過阿拉伯占星術而吸收了其中來自希臘、巴比倫占星術的黃道十二宮、四大（四元素）學說（地、水、火、風），並與我國傳統的二十八宿、五行說、神煞系統並存而形成《七政四餘術》。此外，一些術數中的北斗星名，不用我國傳統的星名：天樞、天璇、天璣、天權、玉衡、開陽、搖光，而是使用來自印度梵文所譯的：貪狼、巨門、祿存、文曲，廉貞、武曲、破軍等，此明顯是受到唐代從印度傳入的曆法及占星術所影響。如星命術中的《紫微斗數》及堪輿術中的《撼龍經》等文獻中，其星皆用印度譯名。及至清初《時憲曆》，置閏之法則改用西法「定氣」。清代以後的術數，又作過不少的調整。

此外，我國相術中的面相術、手相術，唐宋之際受印度相術影響頗大，至民國初年，又通過翻譯歐西、日本的相術書籍而大量吸收歐西相術的內容，形成了現代我國坊間流行的新式相術。

陰陽學——術數在古代、官方管理及外國的影響

術數在古代社會中一直扮演着一個非常重要的角色，影響層面不單只是某一階層、某一職業、某一年齡的人，而是上自帝王，下至普通百姓，從出生到死亡，不論是生活上的小事如洗髮、出行等，大事如建房、入伙、出兵等，從個人、家族以至國家，從天文、氣象、地理到人事、軍事，從民俗、學術到宗教，都離不開術數的應用。我國最晚在唐代開始，已把以上術數之學，稱作陰陽(學)，行術數者稱陰陽人。(敦煌文書、斯四三二七唐《師師漫語話》：「以下說陰陽人謾語話」，此說法後來傳入日本，今日本人稱行術數者為「陰陽師」)。一直到了清末，欽天監中負責陰陽術數的官員中，以及民間術數之士，仍名陰陽生。

古代政府的中欽天監(司天監)，除了負責天文、曆法、輿地之外，亦精通其他如星占、選擇、堪輿等術數，除在皇室人員及朝庭中應用外，也定期頒行日書、修定術數，使民間對於天文、日曆用事吉凶及使用其他術數時，有所依從。

我國古代政府對官方及民間陰陽學及陰陽官員，從其內容、人員的選拔、培訓、認證、考核、律法監管等，都有制度。至明清兩代，其制度更為完善、嚴格。

宋代官學之中，課程中已有陰陽學及其考試的內容。(宋徽宗崇寧三年〔一一零四年〕崇寧算學令：「諸學生習……並曆算、三式、天文書。」「諸試……三式即射覆及預占三日陰陽風雨。天文即預定一月或一季分野災祥，並以依經備草合問為通。」

金代司天臺，從民間「草澤人」(即民間習術數人士)考試選拔：「其試之制，以《宣明曆》試推步，及《婚書》、《地理新書》試合婚、安葬，並《易》筮法，六壬課、三命、五星之術。」(《金史》卷五十一・志第三十二・選舉一)

元代為進一步加強官方陰陽學對民間的影響、管理、控制及培育，除沿襲宋代、金代在司天監掌管陰陽學及中央的官學陰陽學課程之外，更在地方上增設陰陽學課程（《元史・選舉志一》：「世祖至元二十八年夏六月始置諸路陰陽學。」）地方上也設陰陽學教授員，培育及管轄地方陰陽人。（《元史・選舉志一》：「（元仁宗）延祐初，令陰陽人依儒醫例，於路、府、州設教授員，凡陰陽人皆管轄之，而上屬於太史焉。」）自此，民間的陰陽術士（陰陽人），被納入官方的管轄之下。

至明清兩代，陰陽學制度更為完善。中央欽天監掌管陰陽學，明代地方縣設陰陽學正術，各州設陰陽學典術，各縣設陰陽學訓術。陰陽人從地方陰陽學肆業或被選拔出來後，再送到欽天監考試。（《大明會典》卷二二三：「凡天下府州縣舉到陰陽人堪任正術等官者，俱從吏部送（欽天監），考中，送回選用；不中者發回原籍為民，原保官吏治罪。」）清代大致沿用明制，凡陰陽術數之流，悉歸中央欽天監及地方陰陽官員管理、培訓、認證。至今尚有「紹興府陰陽印」、「東光縣陰陽學記」等明代銅印，及某某縣某某之清代陰陽執照等傳世。

清代欽天監漏刻科對官員要求甚為嚴格。《大清會典》「國子監」規定：「凡算學之教，設肄業生。滿洲十有二人，蒙古、漢軍各六人，於各旗官學內考取。漢十有二人，於舉人、貢監生童內考取。附學生二十四人，由欽天監選送。教以天文演算法諸書，五年學業有成，舉人引見以欽天監博士用，貢監生童以天文生補用。」學生在官學肄業、貢監生肄業或考得舉人後，經過了五年對天文、算法、陰陽學的學習，其中精通陰陽術數者，會送往漏刻科。而在欽天監供職的官員，《大清會典則例》「欽天監」規定：「本監官生三年考核一次，術業精通者，保題升用。不及者，停其升轉，再加學習。如能罷勉供職，即予開復。仍不及者，降職一等，再令學習三年，能習熟者，准予開復，仍不能者，黜退。」除定期考核以定其升用降職外，《大清律例》中對陰陽術士不準確的推斷（妄言禍福）是要治罪的。《大清律例．一七八．術七．妄言禍福》：「凡陰陽術士，不許於大小文武官員之家妄言禍福，違者杖一百。其依經推算星命卜課，不在禁限。」大小文武官員延請的陰陽術士，自然是以欽天監漏刻科官員或地方陰陽官員為主。

官方陰陽學制度也影響鄰國如朝鮮、日本、越南等地，一直到了民國時期，鄰國仍然沿用着我國的多種術數。而我國的漢族術數，在古代甚至影響遍及西夏、突厥、吐蕃、阿拉伯、印度、東南亞諸國。

術數研究

術數在我國古代社會雖然影響深遠，「是傳統中國理念中的一門科學，從傳統的陰陽、五行、九宮、八卦、河圖、洛書等觀念作大自然的研究。……傳統中國的天文學、數學、煉丹術等，要到上世紀中葉始受世界學者肯定。可是，術數還未受到應得的注意。術數在傳統中國科技史、思想史，文化史、社會史，甚至軍事史都有一定的影響。……更進一步了解術數，我們將更能了解中國歷史的全貌。」（何丙郁《術數、天文與醫學中國科技史的新視野》，香港城市大學中國文化中心。）

可是術數至今一直不受正統學界所重視，加上術家藏秘自珍，又揚言天機不可洩漏，「（術數）乃吾國科學與哲學融貫而成一種學說，數千年來傳衍嬗變，或隱或現，全賴一二有心人為之繼續維繫，賴以不絕，其中確有學術上研究之價值，非徒癡人說夢，荒誕不經之謂也。其所以至今不能在科學中成立一種地位者，實有數因。蓋古代士大夫階級目醫卜星相為九流之學，多恥道之；而發明諸大師又故為惝恍迷離之辭，以待後人探索；間有一二賢者有所發明，亦秘莫如深，既恐洩天地之秘，復恐譏為旁門左道，始終不肯公開研究，成立一有系統說明之書籍，貽之後世。故居今日而欲研究此種學術，實一極困難之事。」（民國徐樂吾《子平真詮評註》，方重審序）

現存的術數古籍，除極少數是唐、宋、元的版本外，絕大多數是明、清兩代的版本。其內容也主要是明、清兩代流行的術數，唐宋或以前的術數及其書籍，大部份均已失傳，只能從史料記載、出土文獻、敦煌遺書中稍窺一鱗半爪。

術數版本

坊間術數古籍版本，大多是晚清書坊之翻刻本及民國書賈之重排本，其中豕亥魚魯，或任意增刪，往往文意全非，以至不能卒讀。現今不論是術數愛好者，還是民俗、史學、社會、文化、版本等學術研究者，要想得一常見術數書籍的善本、原版，已經非常困難，更遑論如稿本、鈔本、孤本等珍稀版本。在文獻不足及缺乏善本的情況下，要想對術數的源流、理法、及其影響，作全面深入的研究，幾不可能。

有見及此，本叢刊編校小組經多年努力及多方協助，在海內外搜羅了二十世紀六十年代以前漢文為主的術數類善本、珍本、鈔本、孤本、稿本、批校本等數百種，精選出其中最佳版本，分別輯入兩個系列：

一、心一堂術數古籍珍本叢刊

二、心一堂術數古籍整理叢刊

前者以最新數碼（數位）技術清理、修復珍本原本的版面，更正明顯的錯訛，部份善本更以原色彩色精印，務求更勝原本。并以每百多種珍本、一百二十冊為一輯，分輯出版，以饗讀者。

後者延請、稿約有關專家、學者，以善本、珍本等作底本，參以其他版本，古籍進行審定、校勘、注釋，務求打造一最善版本，方便現代人閱讀、理解、研究等之用。

限於編校小組的水平，版本選擇及考證、文字修正、提要內容等方面，恐有疏漏及舛誤之處，懇請方家不吝指正。

心一堂術數古籍珍本整理叢刊編校小組

二零零九年七月序

二零一四年九月第三次修訂

校訂序

《應天歌》，題撰者郭程，字去非，號九江散仙、九江道人，江西九江人，進士出身。張伯偉編《朝鮮時代書目叢刊》（中華書局，二〇〇四年出版）第四冊收錄《鏤板考》一書，其卷四載：「《應天歌》四卷，宋郭程撰，楊恢序，云程字去非，因遇異人撰成此書。」楊恢，字充之，號西村，眉山人，生卒年不詳，約宋理宗景定（西元一二六〇至一二六四年）中前後在世。以此推測，郭程亦當生活在南宋末年理宗時期。

是書乃早期命學著作，星平兼論，配合納音、神煞，並以三命為名，書中所舉諸命例大多為有名有姓之職官，且多被後世命書所援引，實為難得之經典，唯其書名則明清以來諸家書目所不載。

徐樂吾《子平粹言》第六編《古法論命》云：「子平源於五星，而古法論命為子平與五星間之過渡。」應天歌即是古法論命的一個典範，從其文本來看，與現存《淵源》、《淵海》的論命風格截然不同。

明末葉子奇撰《草木子》卷二《鈎玄篇》載：「耶律楚材以生剋制

化論五星，郭去非以戰鬥伏降刑衝破合論三命，皆臻其理也。」現存古本《應天歌》中確有大段篇幅論述干支戰鬥伏降刑衝破合，可證其言不虛。

清版《三命通會》卷七《子平說辨》云：「觀《五行精紀》、《蘭臺妙選》、《三車一覽》、《應天歌》等書，與《淵源》、《淵海》不同。」《三命通會》多處節引《應天歌》。《通會》卷三歌辰戌丑未四宮互換神殺末云：「右十二宮神殺，古人所重，然必以主本旺相休囚，五行生剋制化，本之以財官印食，參之以貴人祿馬，然後看神殺輕重，較量可也。若專論神殺，則誣矣。故取《應天歌》，以為三命之一助云。」

現存《應天歌》刻本分上下冊，首尾無缺，上冊題《新刊太史秘傳三命統宗應天歌》六卷，下冊題《新刊蜀本命書要訣應天歌》五卷，上冊有序有跋，下冊無序無跋，每卷卷目之後標「後集」二字，上下冊正文內容大致相同。從「奎章閣圖書」、「京城帝國大學圖書章」等藏書印來看，該書為原奎章閣藏書，後併入京城帝國大學圖書館。是書傳承有緒，當是古本無疑。

庚寅年末，古本《應天歌》現於網路。余愛是書文字古樸、技法精湛，唯刻本中異體、俗體字頗多，卒讀為難，由是發心將其逐字錄入，以方便同好參研，其間得易友晉顯兄大力相助，辛卯年初即完成上下卷的文本錄入，異體字、俗體字除不影響閱讀外基本改為正體字，但通假字悉照原本。於辛卯始至今年癸巳春，獨立完成五次校對。同時彙編上下冊命例作為附錄，便於檢索。年初拜訪寧波李鏘濤兄，談及《應天歌》一書。李鏘濤兄建議將書稿出版，一來術數古籍得以保存，二來方便更多的同好研究。明清子平法大盛，至今日古法論命已基本默默無聞，希望《應天歌》的出版能推動古法論命學習和研究的高潮。因個人命學水準有限，文本錄入和校對過程中難免存在錯漏之處，還請方家指正。

今逢《應天歌》一書再版之際，按叢書格式統一體例，並附錄余歷經數年校訂之《格物至言》賦文一篇，以饗讀者。

歲次乙未孟春東海舟山莊圓於滬上客舟堂

四

香港史

香港古代海運與近代航運事業（一）

應天歌目次

應天歌目次終

新刊太史秘傳三命統宗應天歌梓行序

郭太史，精談三命者也。應天有歌，板行多矣。第其間議論，散見詩歌。考既已有，註其詮次，全文者又復重等，非惟文義不相貫通，抑且註釋未免贅復，觀者厭之。今本堂力革斯弊，取其全篇，条附註解，又列詩歌於逐條之下，使其首末該備，如條有貫，若網在綱。與前此刊行泛泛本子，霄壤不侔矣，知命君子必有賞。時與文堂謹咨。

新刊太史秘傳三命統宗應天歌序

太史談天進士九江散仙郭程　撰註

竊謂有太極，則一動一靜而兩儀分；有二氣，則一變一合而五行具。是以命作一身之主，人為萬物之靈。故得者失之所基，禍兮福之所倚。皆由天之賦與，乃有命以安排。曰殺曰神，最關造化。有格有局，可測幽微。所以寅申巳亥之不同，子午卯酉而有別，加以辰戌丑未，兼之建破魁罡，雖屑屑以管窺，泄冥冥之理奥。

新刊太史秘傳三命統宗應天歌卷之一　前集

太史談天進士九江散仙郭　程　撰註
東海舟山莊　圓　校訂
東海寧波李鏘濤　校閱

寅申巳亥局

殺中包殺，三台八座之榮。

有吉則殺變為權，無吉則殺無變矣。非是一殺占一宮，要年月日殺聚於時，或年月時殺聚於日，則主其人八座鈞衡新事業，三台鼎鼐奮功名矣。殺中包殺格，陳叅政韓，庚子年土壬午月木辛巳日金辛卯時木。

詩曰：

殺中包殺方為貴，不在年干在日時。
一舉首登龍虎榜，十年身到鳳凰池。

生處聚生，五馬諸侯之貴。

日時自遇，更年月納音又長生於其上，謂之生處聚生，必主聲價一方持外閫，威權千里擁朱幡。生處聚生格，李侍郎太亨，甲申年水丙寅月火辛巳日金己亥時木。

詩曰：

長生甲申并己亥，辛巳那堪見丙寅。
沙漠揚威肝膽破，調羹鼎鼐廟堂人。

若四柱迭為賓主，則五行分散英靈，非精奇藝術之流，乃蹭蹬文章之士。

四柱之中一位生旺，足矣。如年月日時各帶長生、帝旺、臨官，迭為賓主，則分散五行之英靈，非巫醫精巧之徒，則功名蹭蹬之士。賓主英靈格，癸亥年水戊午月火丙子日水己亥時木己酉胎土。

詩曰：

自生自旺自臨官，分散英靈氣不全。
四弱一強方是主，迭為賓主便分權。

五湖雲擾，伯夷遭食蕨之饑。
寅申巳亥不宜全見，若全逢，則如伯夷採薇而食，餓死于首陽山下。五湖雲擾格，庚寅年木丁亥月土壬申日金乙巳時火戊寅胎土。
詩曰：
寅申巳亥若逢全，五湖雲擾命難延。
始榮終辱招刑殞，結果終無莫怨天。

偏野桃花，韓壽逞竊香之譽。
子午卯酉不宜全見，則必為春風柳陌之遊，流水落花之約也。偏野桃花格，甲午年金丁卯月火壬子日木己酉時土戊午胎火。
詩曰：
咸池四位五行中，偏野桃花妬嫩紅。
男女遇之皆酒色，妖嬈嬌臉弄春風。

自生帶貴，步玉登金。變殺為權，紆朱曳紫。

日時有甲申、己亥、丙寅、辛巳之自生，卻帶天乙貴人、祿馬，雖有亡劫，反變為權，定主鳴珂佩玉朝丹闕，搢笏垂紳侍紫宸。自生帶貴格，史丞相彌遠，甲申年水丙寅月火乙卯日水辛巳時金。變殺為權格，陳通判晟，壬申年金丁未月水庚辰日金辛巳時金。

詩曰：

人命都來字八介，亡神劫殺皆為禍。
若逢祿貴及長生，變殺為權聲譽播。

壬寅見辛巳，楊恢為太中大夫。

命中二位亡神、貴人，皆自生於辛巳，為官清顯，豈偶然哉。四柱聚生格，楊侍郎振，壬寅年金壬寅月金庚辰日金辛巳時金。

詩曰：

命中辛巳見壬寅，揫斂精神格局明。
四柱聚生誠罕得，登金步玉播休聲。

乙酉見甲申，李班位華文待制。

四柱見三位亡神、天乙貴，三水皆生於甲申，主官居閣職，祿給天廚。聚生帝座格，王侍郎低英，己未年火丙寅月火甲辰日火丙寅時火。

詩曰：

殺神和主兩長生，富貴榮華福祿亨。
若帶貴人兼帶合，腰懸金印玉階行。

丙申己亥相國經邦，甲子丙寅壯元及第。

丙申見己亥時，乃羅紋貴人，又是珪玉亡神，主論道經邦，燮理陰陽。羅紋貴人格，鄭丞相頃之，丙申年火己亥月木辛未日土己亥時木。

詩曰：

貴人天上號文星，互換年時福氣深。
四柱羅紋重疊見，重重生旺侍楓宸。

甲子生見丙寅，祿馬同鄉。食神學堂在本旬內，主名榮官顯，食天祿。祿馬同鄉格，張壯元孝祥，甲子年金丙寅月火甲子日金丙寅時火。

詩曰：
貴人祿馬值旬中，不帶空亡不帶衝。
自旺自生兼帶合，桃花浪裏變蛟龍。

亡耗帶針而破宅，貧夭難當。

亡神、大耗更帶懸針而破衝田宅，必主貧賤夭折也。破宅貧夭格，壬午年木辛亥月金乙巳日火辛巳時金壬寅胎金。

詩曰：
最凶卯酉見寅申，卯見酉兮亡帶針。
破宅破田兼遇耗，離居出祖更孤貧。

劫孤兼貴以長生，福權反盛。

劫殺、孤辰、貴人、學堂、貴殺同長生之位，乃生殺同為福也。貴殺同生格，辛丑年土甲午月金丁亥日土壬寅時金乙酉胎水。

詩曰：

劫孤帶貴或長生，便主威權福祿全。
若不長生逢貴氣，也應白手置莊田。

生旺不宜重見，殺神切忌剋身，若非痼疾膏肓，即主法亡狴犴。

長生、帝旺不宜重見，凡是亡劫、孤寡、隔宿、破田、破宅、大耗、針刃、飛刃，或一殺倡率，同眾殺剋身，皆主缺唇、破足、駞背、大膽、心龕、不法亡也。生旺重見格，丁亥年土辛亥月金己亥日木甲子時金壬寅胎金。

詩曰：
五行生旺不宜多，三兩重重禍必過。
旺處若還無剋制，傳勞痾瘠面閻羅。
殺神剋身格，癸酉年金辛酉月木壬寅日金壬寅時金壬子胎木。

詩曰：
亡神劫殺不宜逢，最怕同攻身命宮。
若更羅紋相戰剋，囚身縲絏壽應終。

謀高膽大，四位全而不旺不生。

寅申巳亥不宜全見，如全逢，只喜生旺。若不然，則主膽大謀高人矣。不生不旺格，戊申年土庚申月木壬子日木庚子時土辛亥胎金。

詩曰：

寅申巳亥不長生，膽大謀高愛逞能。

一匹內中難滿數，命如風裏泄殘燈。

性巧機靈，眾殺均而不降不伏。

命犯眾殺均停，四柱不降不伏，主人聰明，衣食淺薄，一生不能安閑也。不降不伏格，丙寅年火癸巳月水癸亥日水癸亥時水甲申胎水。

詩曰：

四柱之中眾殺均，相衝相戰反攻身。

多能多學心機巧，也是風流介裏人。

帶群剋殺受福無疆，聚殺攻身非貧則夭。

帶群乃年月日俱尅時，逢殺反主福。如日時聚殺來尅生年，則主凶。

聚殺反吉格，楊和王存忌，己丑年火己巳月木戊申日土癸亥時水。

詩曰：

帶群殺處最為奇，年月須兼日尅時。

心寬體胖膺百祿，子榮孫貴壽應彌。

聚殺尅身格，丁亥年土辛亥月金庚申日木壬午時木壬寅胎金。

詩曰：

命中有殺分強弱，劫殺亡神最凶惡。

聚殺攻身大不祥，不貧便夭填溝壑。

殺並居於身後，為國藩宣。

羊刃殺、劫殺在於生年之後是也，有官祿、貴人居中方合貴格。故前賢云：「身尅殺吉，殺尅身凶。」正謂此也。殺居身後格，趙丞相蔡，庚戌年金乙酉月水乙酉日水乙酉時水。

詩曰：

大富大貴憑權殺，殺宜居後主居先。
更逢亡劫天元貴，定亂安邦作大賢。

貴互見於年時，作君輔弼。

生年與時交互貴人，如天乙貴、福星貴、天官貴之類，必為相輔之命。貴人交互格，張參政改，乙卯年水甲申月水癸丑日木壬子時木。

詩曰：

互換重逢貴最奇，貴人要得在年時。
鳴珂佩玉貴無敵，列鼎鳴鍾富可知。

子午最嫌巳亥，卯酉切忌寅申，非柳營絕塞之軍，即萍水他鄉之客。

子午見巳亥為破命宅，卯酉見寅申為破田宅，而有亡神、劫殺、懸針、大耗、隔角在其上，不宜日時見之，命主為遠戍之卒、萍跡之商也。

詩曰：

子午生人可細推，巳亥那堪坐日時。

剋主更兼他有黨，耗財破業決無疑。
詩曰：
最凶卯酉見寅申，破田破宅耗來并。
身漂雪浪鯨波裏，時聽山村鷄唱聲。

日宮凶惡，妻主惷愚，如逢祿貴之全，始得賢明之婦。
三命以日為妻宮，如帶亡劫，必主刑妻，只宜拙惷愚樸實之妻，免有刑剋。如帶貴人、祿馬，則異於是，卻主招美貌賢明克家之妻也。
詩曰：
上宮亡劫主刑妻，破碎貴官一例推。
若招樸實惷愚婦，卻許夫妻自（校註：疑為白。）首期。
詩曰：
貴人祿馬上宮加，妻必賢能內克家。
更有食神兼帶合，腰如楊柳面如花。

帝座若攢眾殺，子必螟蛉。吉神若聚生時，賢皆鸑鷟。

三命以時為帝座，則為子息宮也。如帶亡劫、三刑、三義殺，或支神重疊，或孤辰、寡宿之類，皆主剋子。縱饒有子，亦是螟蛉。惟帶貴人、祿馬、長生之類，則主存鸑鷟英物也。所謂帝座，只是生時，一以眾殺而一剋兒，一以吉神而招子。常詳推之，萬無失一。

詩曰：

日時劫殺更亡神，干疊支重又及刑。
若不過房并庶出，定須抱養與螟蛉。

詩曰：

貴人祿馬定分毫，時上逢之產鳳毛。
卓犖英豪皆令器，人稱鸑鷟福堅牢。

殺神忌合，祿馬嫌衝。合陽刃而狠愚，為人饕餮。合空亡而機巧，枉自儇儸。

凡殺神忌合而喜刑衝，祿馬怕衝而喜合也。合亡神、雙刃則為人狠愚，合在空亡則為人機巧也。

詩曰：

祿馬嫌衝宜六合，殺神忌合喜刑衝。

殺神帶合為凶殺，祿馬逢衝吉反凶。

詩曰：

空亡陽刃合為徒，空主僂儸刃狠愚。

市井無厭饕餮輩，風流人物藝能夫。

天乙雙聯，榮攀桂子。咸池共合，嘈號桑中。

如命合天乙貴人，則穩步蟾宮、手攀仙桂矣。如合咸池，則為人好淫，必主風流人物、倜儻精神，春花秋月幾多懽，暮雨朝雲千萬意也。

詩曰：

貴人天乙合天干，此命非常不等閑。

喜氣滿懷攀月桂，少年平步上雲端。

詩曰：

咸池不合也風流，合起荒淫更可憂。
流水落花相結托，春風柳陌恣遨遊。

祿貴剋身，必朱紫衣冠之士。
祿馬、貴人剋入，謂之剋身，則主其人榮貴也。
詩曰：
貴人剋入最為佳，祿馬如斯皆可誇。
附鳳攀龍真俊傑，登金步玉享榮華。

劫亡會貴，為巫醫卜筮之人。
亡劫會貴人，乃無用也，則為眼高四海江湖客、口喫十方牙儈徒也。
詩曰：
逢命劫殺與亡神，間有咸池會貴人。
醫卜師巫或牙儈，隨緣隨喪免孤貧。

破碎回頭，奸貪壽促。

若酉命人見寅巳亥月日時，又如丑命見辰戌未月日時，謂之回頭破碎，必主其人狡猾。若受剋則壽齡夭促，恐不能延顏子之年也。

詩曰：

回頭破碎殺非佳，殺反朝年禍更加。
酉丑兩宮攢殺轉，更逢孤剋壽難遐。

雙辰得黨，鰥寡身惸。

此殺更帶孤寡、隔角之類，男則鰥居，女則守寡，平頭、六害、空亡同。

詩曰：

逢命寡隔雙辰并，害子刑妻及剋親。
翡翠衾單多少恨，鴛鴦枕冷一孤人。

三刑隔角之落空，乾生庶出。

三刑、隔角、華盖併落空亡，主剋害父母，必乾生庶出之命，所謂不是移東就西之子，定喚父妾作親娘也。

詩曰：

三刑隔宿更空亡，華盖重開主過房。
必是雙生并庶出，不然重拜兩爺娘。

寡宿孤辰之全犯，異姓同居。

寡宿、孤辰全犯，則主骨肉叢中無得意，煙霞堆裏好安身矣。

詩曰：

寡宿孤辰不可當，意之至老少兒郎。
共活卻宜三兩姓，否為僧道守山房。

咸池本自機關，陽刃那堪會遇。

子午卯酉四位咸池，凡咸池本自機巧，更遇羊刃，則愈見風流也。

詩曰：

子午卯酉占中天，咸池羊刃殺相連。
甲庚壬丙人逢此，慷慨風流醉管絃。

休囚錯亂，多能多藝或巫醫。生旺互空，半武半文耽酒色。
咸池在休囚錯亂，其人不巫即醫。如生旺互換空亡，半武半文人也。
詩曰：
錯亂咸池藝術名，休囚帶鬼更為真。
空亡生旺心尤巧，能武能文酒色人。

順流衮浪，泛濫妖嬈。
咸池在日時有水，謂之衮浪桃花，故主翡翠衾堆倚玉偎香，情最密銷金帳煖，回頭含笑媚還生，其為淫泆亦可知矣。
詩曰：
輕薄桃花逐水流，鴛鴦兩沼共沉浮。
更兼馬貴同來合，羅綺叢中度百秋。

倒插回眸，風流倜儻。

如卯人見寅午戌月日時，如酉人見申子辰月日時，咸池反朝於年，謂之倒插桃花。命逢若非暮雨朝雲客，必是貪花臥酒人。

詩曰：

倒插桃花色轉鮮，日時與月反朝年。
風浪倜儻多奸姤，性巧聰明賢不賢。

人生而靜一，初無間於賢愚。天降之衷，大命已分於吉凶。有殺神之三局，界貴賤之兩途。理則精微，妙難窺測。余也以心傳之妙訣，乃手輯於成編。略陳於斯，少資一覽。

新刊太史秘傳三命統宗應天歌卷之一終

新刊太史秘傳三命統宗應天歌卷之二　前集

太史談天進士九江散仙郭　程　撰註
東海舟山莊　圓　校訂
東海寧波李鏘濤　校閲

人稟三命，數該一天。凡八字精微之具，皆五行幽顯之玄。寅申巳亥既論於前，子午卯酉抑居其次。

子午卯酉局

地紀如全四極，天干更遇純陽。男如崔子之尋芳，眠花臥柳；女似真妃生媚，不寵則娼。

子午卯酉之地支為四極，天干純陽謂甲庚丙壬也。此四地支更遇此四天干，必主男如崔護覓水，女如楊妃幸君也。

詩曰：

年月日時分戰降，命宮全帶喜風光。

男如崔子尋花柳，女似真妃睡海棠。

歲殺重逢，禍延乃父。旺神頂蓋，醜及其妻。

咸池在日時名歲殺，犯一兩重，主為事累及乃尊也。凡日上咸池有陰錯陽差，或華蓋及破碎殺在上，則招醜拙之妻。

詩曰：

時日咸池一兩重，名為歲殺父招亡。
暴亡水火離鄉死，呪咀瘟黃不善終。

詩曰：

日上咸池帶旺神，陰錯陽差華蓋并。
妻家惹禍兼裝醜，若不刑離誘外人。

且言天乙之星，乃是文昌之曜。

凡天乙貴人，乃天上之文昌星也。要年與時上互換，見之則吉，亦宜自生自旺，有氣為佳。如鄭丞相，丙申年己亥月辛未日己亥時是也。

詩曰：
命中天乙號文星，互在年時福乃深。
相國經邦兼論道，秉鈞佩玉又腰金。

羅文有氣，黑頭相國之三公。

羅文貴人者，年之貴人在時，時日之貴人又朝年者是也。命逢則主為天子之股肱，蕭曹是任，作皇家之筋力，稷契其人。
詩曰：
貴人六合有陰陽，陰貴逢陽真異常。
若是羅紋兼有氣，少年天外姓名香。

互合朝年，黃甲少年而一舉。

貴人互合朝於生年，主博覽百家今古，縱橫萬卷詩書。
詩曰：
貴人互換合相逢，那更朝年福氣崇。

筆下文章燦星斗，胸中志氣吐霓虹。

若逢祿馬，福氣尤深。如壓殺神，權威益重。

貴人喜遇祿馬則為福，如會亡神、劫殺，謂之壓殺，主有威權也。

詩曰：

貴人祿馬剋生年，殺神降我反為權。

更逢生旺即為吉，富貴榮華降自天。

詩曰：

貴人祿馬兩交互，更壓殺神福尤固。

宣威沙漠勇而威，為國藩宣貴而富。

若夫女命，反曰忌星。旺地疊逢，羅綺叢中為活計。囚鄉重見，煙霞深裏好安身。

女人如帶貴人，則為忌曜，不宜在旺地。又不宜合，若逢之更生旺，則主秋水為身玉如骨，芙蓉如面柳如眉，非市井之煙花，即豪家之寵妾。

如休囚死絕地見貴人卻不妨，如重疊見之，則主高山流水少知音，明月清風誰與共，長與煙霞為侶伴，不妨泉石作膏肓。

詩曰：

女人天乙兩三重，多貴翻令吉作凶。

絃管叢中為活計，為偏為寵過西東。

詩曰：

女人天乙喜囚地，生旺重逢非所宜。

若是囚鄉重見貴，定須孤寡作師尼。

命值進神，例言吉命。祿權官貴進，業富於童年。針耗刃咸進，夭貧於壯歲。

凡進神不可例言為吉，如進祿、貴人、官星、權殺，則瓊珠地上有錢流，倉稟粟陳并貫朽。如進神遇懸針、大耗、咸池、羊刃，則鳧漂鷹泊，家無甑石之儲，狗苟蠅營，釜有塵埃之積，其為貧亦可知矣。更遇眾凶互刑，非東家紀井之兒，即西舍識鐶之子，其夭也又如此。

詩曰：
進神不可例言奇，進祿進馬名利宜。
更遇官星并進貴，堆金積玉富家兒。
詩曰：
進針進耗皆無益，羊刃咸池尤不吉。
設逢天乙貴人臨，起倒無成耽酒色。

進孤寡於帝座，卜商罹哭子之悲。進凶惡於上宮，莊子有叩盆之嘆。

進神帶劫殺、孤辰、寡宿、雙辰於時上，則主將望曾參養曾晳，豈期顏路哭淵。如進凶神、惡殺於日上，則主剋妻，而有莊子叩盆之嗟。
詩曰：
進神羊刃必遭官，日上逢盆之歌叩。
帝座號為埋子殺，三刑同到入軍門。

白虎如逢雙刃，罵殺時人。

白虎，五行之胎神也，如在日時更逢羊刃、飛刃同剋本年，主娶妻糊塗，只好罵人。如庚申、庚寅之木見癸酉日時之類是也。

詩曰：

白虎胎神氣象豪，木人癸酉便聲高。
更逢羊刃兼飛刃，罵殺時人口似刀。

紅鸞若到四強，非常喜氣。

紅鸞即命中之天喜是也，行年得其到四正之宮，則主夫妻和叶（校註：叶同協）鸞鳳諧鳴，男女喜榮麒麟異產，其為喜也，豈不非常？

詩曰：

秀鸞天喜是星昌，那更逢之在四強。
秀毓麒麟英且俊，諧鳴鸞鳳喜非常。

娶妻鶻突，入贅增仇，為緣陰錯陽差，所以凶多吉少。

十二位陰錯陽差，如在日時值之，定主娶妻糊塗，因孝卒急，填房入贅之命。

詩曰：

陰錯陽差因孝娶，外祖兩重或入贅。

不然決要剋其妻，或者殘房來作婿。

女人值此，半真半假之公姑。日時逢之，寄養寄生之夫婦。

女命值此陰錯陽差，如在日時值之，定主亦花燭不分曉，亦是寒房寄養，半真半假公姑、夫婦也。

詩曰：

女人逢者亦依然，真假公姑或續絃。

否則有刑多寡合，外家零落是前緣。

交逢羊刃互帶懸針，楊貴妃身沒馬嵬，戚夫人形為人彘。攢凶貼體，投河自縊之亡。合剋倒戈，粉黛煙花之妓女。

女命羊刃不宜互換，懸針怕見重疊。如丙午見甲午為貼身，而丙戌見戊午為倒戈，戊午見乙卯，癸未見戊午，皆是合中羊刃格。如丙寅年丙申月壬午日戊申時，謂之攢凶貼體格。如丙戌壬辰戊午壬子，謂之合剋倒戈格。女命遇之，不淫奔於粉黛，則惡死於刑傷必矣。

逢刃帶破

日時羊刃貼身隨，身亡萬馬若楊妃。
互換懸針攢一處，馳腰曲背免刑合。

攢凶貼體

貼體攢凶大不祥，投河自縊樹頭亡。
如逢天月德來救，免得淩時死血光。

合剋倒戈

女人羊刃不宜多，合剋羅紋帶倒戈。
禍起蕭牆流粉黛，治容難避馬嵬坡。

庚戌去逢乙酉，將相兼權。甲午反朝丙寅，死亡早見。

男子一重兩重旺氣羊刃，其它華盖不併咸池之類。趙葵丞相，庚戌年乙酉月乙酉日乙酉時，合格，反主有權也。如甲午反朝丙寅，乃命中凶殺剋生年是也，主有早亡之患。如王侍郎愛小娘，丙寅年甲午月己亥日庚午時，後主早年產死也。

庚戌逢乙酉

男逢羊刃最為佳，戌人逢酉格堪誇。

英雄國士無雙手，忠孝皇朝第一家。

甲午朝丙寅

丙寅甲午主刑傷，女命逢之大不祥。

月德若然相救助，定須產難早年亡。

狼餐鯨飲，殺聚凶星。

亡劫、雙刃凶殺多，更火羅、計孛守四正宮，則主肉山酒海度平生，日食萬錢無下筋矣。

詩曰：

狼餐鯨飲是如何，羊刃重重亡劫多。

計孛火羅臨四正，只圖醉飽任風波。

龍化鵬摶，祿逢貴顯。

祿馬逢貴人，兼在日時之位，人命逢之，則主其人河漢文章，虹霓志氣，龍化禹門之浪，鵬摶莊海之中。

詩曰：

貴人祿馬事非虛，日上須兼帝座居。
祿馬更逢神殺聚，禹門得見化龍魚。

四柱同旬而必貴，當辨吉凶。

四柱同旬，祿馬、貴人同旬則貴，亡劫、針耗同旬則凶，辨者辨此而已。

詩曰：

年月日時共一旬，還同兄弟一家人。
若兼祿馬同旬內，金榜揚名顯二親。

五行一字以皆然，須明次序。

如癸未辛酉癸未辛酉，胎得壬子，五行皆木，純粹則吉，駁雜者無用。

詩曰：

五行一字喜相連，純粹支干福壽全。

若更干神多駁雜，縱教全遇亦徒然。

禍分輕重，看他聚，看他分。

如甲戌年丁卯月癸卯日丁巳時，一生無子，謂之分散。如丙寅年壬辰月丙子日甲午時，謂之聚凶，皆主貧夭也。

詩曰：

神殺無多不易論，看他攢聚看他分。

分開禍福皆分散，聚殺攢凶命不存。

殺喜空亡，明其虛，明其實。

凡是殺神喜帶空亡，若相衝又為之不空。

詩曰：

殺神最要落空亡，神殺空亡大吉昌。
祿馬貴人還減福，空亡不見不文章。

殺在兩頭而見貴，馬逢四吉以兼生，多智多謀，不忙不急。

兩頭年時帶殺與貴人，主為人不忙不急、慢中又急。如祿馬逢生旺、臨官，主為人多智多能，踈快人也。

詩曰：

殺在年時謂兩頭，為人多智又多謀。
馬逢四吉兼生旺，作事遲遲得自由。

勾絞三刑為人狡猾，劫亡併遇作事機關。

寅申巳亥、辰戌丑未、子午卯酉，謂之勾絞。如甲申生人見辛巳、乙亥，又如丁未見丙辰、甲申之類，為人狡猾必矣。

詩曰：

勾絞三刑亡劫併，為人狡猾更沉吟。

日時年月如重見，內蘊機關似海深。

甲丙丁而干支衝剋，頭角非人。

甲丙丁一路平頭，地支又有羊刃、懸針攢聚於天干，地支又無旺氣，更衝剋重重，必是披毛戴角，非人之命也。

詩曰：

平頭一路占天干，羊刃懸針殺鬥攢。

相剋相衝無旺氣，披毛戴角畜生者。

戊寅多而凶惡鬥攢，骨毛異眾。

戊寅字多，為披毛戴角之殺，更詳命天支神重疊，更火羅、計孛守四正，必是平生不着衣冠，異日殺逢刀刃。如丁未年丁未月丁未日丁未時方合此格。

詩曰：
戊寅多者定披毛，重疊支神命不牢。
計孛火羅來守命，馬牛豬犬數難逃。

四柱刑胎，早剋父母。三刑剋主，歿為官災。
更有隔角、三刑、空亡，五行無氣，多是畜生。如庚寅年戊寅月庚寅日戊寅時己巳胎，即是頭角非人之類，骨毛異眾之徒。三刑剋身，更兼眾凶，必主亡於官訟。

詩曰：
四柱刑胎父必傷，當於母腹便身亡。
三刑若更剋身主，必見官災赴法場。

墓庫羅紋，家比陶朱之富。
辰戌丑未有四介墓，如羅紋見之，必主紫絲帳列為家，金穀園憑作主。家全十富，好推當代陶朱。財鎮一方，人指昔年猗頓。

詩曰：

墓庫帶旺富難當，如見羅紋富倍常。
門盈珠履三千客，座列金釵十二行。

魁罡角立，巷如顏子之貧。

辰戌丑未為建破、魁罡，更互空亡、大耗、破宅在一位，安得不孤貧哉？

詩曰：

魁罡角立在身宮，空亡大耗破田位。
隨緣度日作生涯，撚土成團為活計。

窮通富貴得自有生，壽夭榮枯歸之由命。詳觀詳究，不怨不尤。其妙難窮，無用執一。

新刊太史秘傳三命統宗應天歌卷之二終

新刊太史秘傳三命統宗應天歌卷之三　前集

太史談天進士九江散仙郭　程　撰註
東海舟山莊　圓　校訂
東海寧波李鏘濤　校閱

論夫幽明為禍福之天，研究者吉凶之本。前二局既詳且盡，後一段當極其精。再述數辭，妙通大造。

辰戌丑未局

戊己得之為人誠實，丙丁值此竊氣夭貧。甲乙為財寶庫中，庚辛乃子歸母腹。

辰戌丑未四宮，古人以為四印。戊己逢之全，最有誠信。甲乙屬木，剋辰戌丑未為財，財已入庫，主人鄙且貪也。丙丁得之，上竊天元火氣，不貧則夭。庚申得之，謂之子歸母腹，必主為人奸狡也。

詩曰：

辰戌丑未為四印，戊己得之偏有信。
甲乙逢之鄙且貪，丙丁遇者多貧併。
詩曰：
庚申格號兒生娘，必主其為奸狡命。
惟精惟奥可詳推，萬舉萬全皆有應。

戌中見戌，未見未，獨守空房。丑重見丑，辰見辰，臥如半被。
華蓋重見，主人孤寡，丁未見丁未，己丑見乙丑是也，命逢則翡翠衾單有恨向誰之訴，鴛鴦枕冷無人解與之同，必矣。
詩曰：
戌重見戌未見未，丑見丑兮辰見辰。
時日疊逢華蓋殺，男女空房度百春。

華池帶鬼只利師巫，墓庫逢華偏刑骨肉，有氣乃緇黃之士，帶權為朱紫之流。

華盖帶鬼，間有咸池，不為巧匠即是師巫。若只見華盖，或是五行有氣，紫氣不陷於四正福德之類，定為僧道之命也。墓庫上逢華盖，主一世享福，仍且壽長，但未免尅父母刑妻子。尅我者重，比我者輕，更帶權殺、貴人，為朱紫之貴，官必至於封侯也。

詩曰：

華盖咸池兼帶鬼，不為巧匠即為師。

鬼少五行兼帶墓，不頂黄冠便着緇。

詩曰：

墓庫逢華福壽基，蓼莪親尅棣華夷。

日妻時子分輕重，官必封侯爵祿彌。

丑見寅而未見申，六親冰炭。戌見亥而辰見巳，五屬華夷。若逢祿馬長生，反使富榮超衆。

丑人見寅，戌人見亥，辰人見巳，未人見申，謂之隔角，逢者則主骨肉叢中無得意，煙霞堆裏好安身。若逢祿馬、貴人卻為福壽，反此者凶。

詩曰：

丑生人命怕逢寅，戌人見亥未嫌申。
辰人惡死名孤劫，祿貴臨茲是福神。

四墓皆土，雙刃逢刑，待人而喜滿乾坤，觸怒則氣衝牛斗。辰戌丑未四宮皆土，或單逢一位，而有二辰三辰者，或雙刃與三刑，主外貌則春風和氣，內怒則怒髮衝冠。

詩曰：

土旺丑未並辰戌，凡命逢之多性執。
飛刃三刑同位來，性惡性剛兼性急。

三四重之聚刃，惡疾瘖聾。一七八之四凶，亡身桎梏。命逢羊刃或三四重，及一命宮、七妻妾、八疾厄宮，而有火羅計孛四星，則主勞瘵膏肓之疾，僅免法亡，囚身縲紲之中難逃重憲。

詩曰：
羊刃四宮三兩重，盲聾瘖啞或膓風。
惡曜一宮兼七八，定教身死土牢中。

本音飛刃，公議寡言。自帶并刑，凶頑無匹。

本音火人，帶火刃也，主為人持重正大，少言語而有權柄也。自帶飛刃，不宜并三刑，不宜我弱他強，主凶頑也。

本音飛刃
飛刃比和便主權，為人公議寡於言。
方剛正大人欽仰，聲勢肥家遠近傳。

自帶并刑
帶來飛刃并三刑，凶狠強徒不可親。
好殺好欺并好武，只宜他破我生成。

未來合午，午衝子，重拜爺娘；卯來破酉，酉合辰，宜為僧道。

未合於午衝於子，辰合於酉衝於卯，皆為暗害、六害，則主父母參商，骨肉冰炭，不為蓮社之徒，亦作琳宮之士。

詩曰：

辰能合酉卯相冲，重拜爺娘在此中。

未合午兮午冲子，定為僧道守禪宮。

上座若逢辰戌，魁罡併號網羅，非談天說地之人，必破祖敗家之輩。

辰為天罡，戌為天魁，辰為地網，戌為天羅。辰戌日時者，不為藝術師巫，則主離鄉失土之人。

詩曰：

古言辰戌是魁罡，地網天羅大不祥。

破祖離鄉方吉利，更宜藝術鬼牙郎。

若論夫人命運如此，大造陰陽。

運者，若天地四時之氣，陰陽二氣之機，運用無窮，變通不息，是以陽氣一呼為春為夏，陰氣一吸為秋為冬。

詩曰：

運同天地有陰陽，看限何如看運詳。

若得燭神經細讀，纖毫不錯味偏長。

乙辛運忌於辰戌，己癸丁嫌於丑未。

辰戌丑未元有四箇惡殺在其中，辛乙之人最忌辰戌，己癸丁人最忌丑未，緣辰戌乃天羅地網，丑未乃破碎白衣之殺，遇者主凶，必矣。

乙辛忌辰戌

辰為地網戌天羅，辛乙生人運莫過。

一併一衝逢四墓，必唱田橫薤露歌。

己癸丁丑未

丑未之間殺再凶，己癸丁人運莫逢。

大歲若催身必喪，更詳生旺限雷同。

白衣破碎，吟殺裸形，甲辛八位不勝凶，壬癸兩干仍減福。

白衣、吟呻、裸形殺只是一箇破碎，而立四箇。五行無氣，運到此而死。甲乙丙丁戊己庚辛八干逢之最凶，壬癸人卻減福。

詩曰：
白衣破碎併吟呻，珞琭文中號裸形。
運入其間多有禍，遊年催殺便身傾。

百藝破而有氣，空手拏財。

五行有氣，運逢破碎，只宜百藝，空手拏財。

詩曰：
子午卯酉忌蛇頭，壬癸生人減半愁。
百工技藝如逢此，空裏拏財得自由。

九流孤乃空亡，閑中旺祿。

華蓋、貴人、祿馬落空亡，只宜九流，閑中享福。

詩曰：
僧道公門及秀才，運入空亡便發財。
華蓋貴人同劫殺，九流遇此笑顏開。

少年逢旺，財自天來。老限逢生，魂遊地下。
五行運宜生旺，少年逢旺則鍾鳴鼎人，貫朽粟陳。但老人則只喜休囚，如生旺必主不作南柯太守，定為蝶夢神仙，必矣。

少年逢旺
二運偏宜生旺居，少年逢旺福何如。
定主榮華如猗頓，自然金谷比陶朱。

老限逢生
老人限若逢生旺，薤露挽歌寧免唱。
合併如逢太歲併，限好難延身必喪。

太歲逼群凶而入局，夢入槐柯。遊年會諸殺而當生，歌興薤露。

運限命在前，太歲在後，逼諸殺在中，謂之逼殺入局，或遊年凶殺會當生凶殺，則主浮雲流水揔皆空，啼鳥落花空有恨，其人可知矣。

太歲殺入局

歲君在後殺居中，命限居前當戰鋒。
趕限成群來入局，其人必定見閻公。

遊年殺當生

倒限當知限入關，入關那更殺重殘。
遊年諸殺當生剋，定主魂飛海上山。

大凡有鬼有殺，方能主福主權。先明戰鬥之機，次論伏降之理。主強殺弱，宣威沙漠之風。他勝我衰，血染塵埃之命。戰爭停力，禍福平分。

大凡三命化鬼，有殺方能主福主權，如無鬼殺則無造，有止一善人而已。然論鬼殺，必明戰鬥、降伏、刑衝、破合八字精妙也。戰鬥為福，主居強而殺居弱，主宣威沙漠無雙手，為國番宣第一人。若殺強年弱，不勝而反降於殺，則身居鋒鏑龕心膽，血染塵埃喪命魂，必矣。

詩曰：

五行鬼殺看輸贏，戰鬥降伏分重輕。
他弱我強還得福，鬼強身弱便為屯。

日月刑年而時獨專權，制降為為福。

伏降為福，月日皆刑生年，時為之主，制降則為福。

詩曰：

伏降為福下刑年，帝座居強獨主權。
心寬體胖膺百福，子榮孫貴更雙全。

鬼殺逢生而主居弱位，為禍非輕。

伏降為禍，鬼殺生旺而主反居弱，禍非輕矣。

詩曰：

鬼逢生旺擅強梁，身弱名為我伏降。

若得空亡應免禍，如無救援定為殃。

母被鬼傷，子來力救。破刑得勝，香傳仙桂幾枝芳。衝鬼得贏，壽比靈椿一株老。

衝破為福，如戊午年癸亥月癸巳日丁巳時，癸巳屬水，歸附癸亥，又水剋戊午之火，而得丁巳之土就身剋退其水，不敢剋戊午之火。己土乃火之子，來救戊午之火，謂之子來救母，定主其人珪璋器質，錦繡文章，少年平步青雲，壯歲始攀丹桂。若更衝鬼得勝，則主身享康寧之福，心存愷悌之人，燕山椿不老，靈婺南極星，長輝世瑞也，必矣。

詩曰：

母被鬼傷子來救，子相母冤排左右。
破其鬼賊衝其刑，破鬼衝刑元福壽。

詩曰：

母殺來刑更帶衝，交相衝破不為凶。
文章獨步誇王粲，富貴雙全比石崇。

衝祿衝庫而貧居終日，破馬破宅而丐食他鄉。或陷身於關塞之中，或轉死於溝壑之內。

如戊午癸亥癸巳甲寅甲寅，二甲寅一癸巳皆平水歸附於癸亥，而衝戊午之火，破子祿宅，破子命宅，必主孤虛活計，冷淡家風，室如垂磬之空，釜有生魚之積，又主衣不蓋形，食無充口，錢覓分文，行遍大家小戶，居無寸土，尋常東寄西存，朝飧暮討無了期，啼饑號寒度終日。不然亦主陣沒塞營之上，身填溝壑之中，必矣。

詩曰：

墓庫為衝祿馬殘，更同命宅一般般。
如無吉宿居強正，活計聊生似範丹。

刑落空而有制，家富身榮。

如甲子甲戌甲寅丁卯，甲戌者鬼落空亡，吞啗、孤寡皆落空亡，反為榮富。蓋甲寅戰退丁卯之火，不敢傷甲子之金，謂之主得援也。

詩曰：

制刑得援要空亡，不剋身兮福祿昌。
金玉滿堂人富貴，少年月裏姓名香。

惹為禍以尤深，人亡宅破。

如辛酉辛丑癸酉壬子，癸酉、辛酉同宮戰鬥，本身就家降於鬼鄉，為鬼所制而不能為主，謂之惹刑，故家破人亡也。

詩曰：

惹刑為禍最非良，停力同宮盡鬥傷。
身若就家降鬼賊，難逃家破便身亡。

合旬中之祿貴，少年平步於蟾宮。

如甲寅辛未癸未戊午，此為小六合，合起未為陰貴人，亦且為官食祿。如合起貴人、祿馬，更在旬中，定主春浪桃花暖，秋風桂子香也。

詩曰：

十般六合少人知，自古神仙不洩機。

祿馬貴人旬內合，合中添福福無涯。

合座起之殺神，壯歲枉亡於犴獄。

如己亥年丙寅月甲寅日辛未時，甲與己合，寅與亥合，合起官符、吞啗、孤寡，未免壯歲亡於犴獄之間也。

詩曰：

合來神殺便為凶，神殺如何一樣同。
各殺各宮專禍福，鬼神催使應天工。

旺中帶鬼，郄生桂許高攀。

生旺中反得鬼來制，如京府判命，甲寅年癸酉月壬戌日庚子時者是也。

詩曰：

生旺為祥在日時，鬼來制禦卻偏宜。
桃花直透三層浪，桂子高攀第一枝。

生處疊逢，顏子秀而不實。

如丁亥辛亥己亥甲子，同宮戰鬥，非惟貧賤，亦且少亡。

詩曰：

長生帝旺見重重，變福為災反不中。

得鬼制他還減福，縱饒命貴也遭凶。

死中得母，絕處逢生，蛟龍變化於淵中，鸞鳳飛翔於天上。

如金人見戊寅為絕處逢生，見庚子為死中得母，見庚午為破中有救，為福之媒，蛟龍鸞鳳皆能變化。

詩曰：

死中得母絕逢生，富貴榮華別樣新。

廉簡直溫無燥暴，朱衣元是隴頭人。

鬼宮死絕，破蕩家財。祿命破衝，別離宗祖。

如己亥年庚午月庚午日壬午時，非唯木死於午，衝破命宅、祿宅，未免貧病也。

詩曰：

死絕那逢鬼更傷，鬼居強位豈能當。

若還祿宅皆衝破，破業亡家死異鄉。

大抵殺神三局論極詳明，縱令人命五行洞知凶吉，書由人力，理應天文。當為公共權衡，不欲私自金玉，示諸同志，切幸晒青。

新刊太史秘傳三命統宗應天歌卷之三終

蘇曼殊

燕子龕隨筆含劍樓聯話一〇

新刊太史秘傳三命統宗應天歌卷之四　前集

太史談天進士九江散仙郭　程　撰註
東海舟山莊　圓　校訂
東海寧波李鏘濤　校閱

十六般劫殺　十六位亡神

乃若十六般之劫殺、十六位之亡神，本同出而異名，抑共凶而叶吉。

劫殺亡神共出，寅申巳亥四位禍福相為表裏也。

十六般劫殺

瓊珠冠紀併旌旗，庫冕提鹽貪鬥翳。

刀管風煙皆是殺，天牢十六共同推。

十六位亡神

倉庫亡神珪玉軒，鼎規父母不同言。

兒羅溝壑枷停力，虜墳花雲鼓樂天。

如逢倉庫，千斯倉而萬斯箱。若值瓊珠，一日壽而二日富。

倉庫亡神、瓊珠劫殺皆是我去剋他，命逢則主富壽。

詩曰：

倉庫亡神我剋他，剋他洪福自然多。

殺降可比陶朱富，華屋神仙豔綺羅。

詩曰：

瓊珠劫殺曷推排，我剋他兮是福媒。

斷作庫中財寶命，世間多寶一如來。

冕旒包殺，稷契其人。珪玉正生，蕭曹是任。

珪玉亡神、冕旒劫殺皆真長生之位，主有蕭曹之忠，負稷契之志。

詩曰：

劫殺兼包殺自生，垂旒載冕立功名。

黑頭宰相人間瑞，千里侯方鎮外英。

詩曰：

珪玉長生帶貴人，黑頭年少作朝臣。

衣冠濟楚登黃道，環佩鏗鏘拜紫宸。

臨官軒冕，于公多駟馬之車。空劫冠裳，山甫補六寵之衮。

軒冕亡神、冠裳劫殺皆臨官、空亡之位，必主榮貴也。

詩曰：

軒冕亡神殺落空，落空反使福興隆。
蛟龍不是池中物，雕鶚當橫漢外風。

詩曰：

殺帶臨官更落空，冠裳濟楚有誰同。
長裾不向王侯曳，衮職當知補帝聰。

鹽梅互貴，天下無雙。鼎鼐同旬，官中第一。

鼎鼐亡神、鹽梅劫殺皆是羅紋貴人之位或同旬內，主黃甲少年須及第，黑頭相國作三公。如壬子生人見乙巳時，乃合鹽梅互貴格。

詩曰：

貴人同劫乃羅紋，要在年時不剋身。
異日調羹充大用，少年平步上青雲。
鼎鼐同旬格，如鄭丞相清之丙申年火己亥月木辛未日土己亥時木。
詩曰：
鼎鼐亡神神氣全，貴殺臨時時反年。
更得長生旬內見，白衣佐職拜堯天。

紀綱謹重，沉機深略之人。規矩端莊，巧智雄韜之士。
紀綱劫殺、規矩亡神，身命不剋於殺，而殺卻不得其位，主為人深沉有器局，正大有智略。
詩曰：
殺居蓊地我居強，縱不來降自紀綱。
容動周旋皆中禮，溫良正大福非常。
詩曰：
規矩亡神勢若何，欲來降我我強他。

端莊恭敬為人物，方正賢能財甲科。

庫堂重合，瓦解冰消。父母逢生，錢盈穀積。

庫堂劫殺、父母亡神皆反生於主。如父母亡神更有自生自旺，主閑錢賸穀。如庫堂劫殺兩頭衝破，如重疊更合，則主貧乏。

詩曰：

庫堂劫殺他生我，本音生旺宜衝破。
若還年去合生時，蕩盡家資非一禍。

詩曰：

父母亡神生本年，精神聚我反純全。
祿同生旺無孤隔，金穀盈餘號爛錢。

兒女若無孤劫，粟腐千囷。提孩或值空亡，家徒四壁。

兒女亡神、提孩劫殺皆是我去生他。如兒女亡神自生旺，更無孤辰、寡宿、隔角諸殺，則主富。如提孩劫殺單見一重為吉，如逢孤劫重重，主貧而兒女有恥辱事。

詩曰：

兒女亡神上生下，自旺自生成造化。
若無隔角及孤辰，亦作人間之富者。

詩曰：

提孩劫殺母生子，單見一重為福祉。
若逢孤劫更一重，喪家遭辱傷兒女。

羅綺為人富貴，旌旗獨主威權。非紫絲錦幃之榮，則皂纛朱幡之貴。

羅綺、旌旗皆貴人同到，如羅綺到日時，則富無敵也。

詩曰：

日時天乙併亡神，號為羅綺吉星辰。
縱多凶殺如無尅，錦繡叢中富貴人。

詩曰：

旌旗劫殺貴人併，首見艱辛後必成。

財鎮一方人仰慕，比和仍許奏功名。

鬥爭相制，乃玉堂金馬之人。停力不降，即畫匠色衣之輩。

此二殺皆本音之殺，如木人見木殺是也。如停力亡神不降不伏，主為畫工、師巫、屠行之人。如鬥爭劫殺兩邊皆凶，如相鎮制禦，則反為福，必登金步玉之流。

詩曰：

鬥爭劫殺兩邊怒，相鎮名為相制禦。
相制翻為福壽媒，上玉登金終穩步。

詩曰：

本音亡劫為停力，不伏不降相鬥猜。
斷作屠行牙會人，或為師巫丹青客。

貪忨帶鬼，被辱遭刑。虜掠不仁，取財非義。

此二殺皆是殺來剋身我。如貪忨劫殺，必主為人詭怪，立性貪忨，取財不怕人嗔，見物思為己有，為軍為盜，被辱遭刑。如虜掠亡神，主為人不學自能最性巧，取財非義惹人嗔，必矣。

詩曰：
貪忨劫殺最非祥，鬼殺難禁兩並傷。
撚水成團為活計，身投憲綱累鄰坊。

詩曰：
虜掠亡神殺剋身，牙儈師巫藝術人。
非禮取財言語妄，平生饕餮惹人嗔。

管絃本濫，笙簫林裏醉春風。鼓樂性驕，歌舞叢中度終日。

此二殺單合，合起不降不伏，雙合亦然，皆主柳陌花衢之內肆意遨遊，村歌社舞之場縱心卓犖也。

詩曰：
管絃劫殺日時連，嗜酒耽音不管天。
幾度醉歸明月夜，笙歌引入畫堂前。

詩曰：
不降不伏合偏逢，鼓樂風流得意濃。
洛浦夜遊羅綺陌，秦樓朝醉管絃風。

翳桑破宅，東寄西存。溝壑剋身，朝飧暮討。
如甲子年丙子月丁卯日乙巳時是也，破宅剋身，皆主病貧不聊生也。
詩曰：
破宅翳桑殺剋身，那堪相對見亡神。
廚無煙火壺無酒，戶有蜘蛛甑有塵。
詩曰：
溝壑亡神在鬼鄉，命前五位更衝傷。
琉璃井裏謀生計，須信家無隔宿糧。

刀鎗合刃，血濺塵沙。噴血刑年，屍橫道路。
此二殺是亡劫全，六合合起，刑剋本年，切要落空亡或有貴人、祿馬壓，不然如前凶。

詩曰：

刀鎗劫殺兩三重，凶與亡神一樣同。
得黨剋年兼帶合，死時血染路頭紅。

詩曰：

年時雙合鬼同鄉，噴血為災不可當。
若匪遭刑囚桎梏，定生痼疾至膏肓。

雲水偏宜獨處，物外神仙。煙霞最喜惇居，俗中僧道。

二殺孤辰、寡宿同到，宜為僧道。命逢則身務清閑，性惟孤潔，散誕煙霞之上，逍遙雲水之中，青山白雲之心未嘗芥蒂，明月清風之興誰與懽娛，其孤空如此。真所謂「可憐明月清風夜，啼鳥一聲人斷腸」也。

詩曰：

雲水惇然子一身，那堪刑寡及孤辰。
逍遙物外聊隨物，自在塵中不染塵。

詩曰：

煙霞劫殺遇孤辰，獨自秋光獨自春。
茂竹清泉三島客，清風明月一閑人。

花柳豔妖嬈之態，風流多慷慨之姿。情迷洛浦之風煙，夢繞巫山之雲雨。

二殺單合，合起我弱他強。如甲申年丙子月己巳日戊辰時是也，定主風流人物、淫泆之命。

詩曰：

殺名花柳最風流，合起他剛剋我柔。
秋月春花老猶愛，陽春白雪日常謳。

詩曰：

劫殺風流媚可知，輕盈綽約逞嬌姿。
春風桃李花開夜，秋雨梧桐葉落時。

天牢疊疊，穿窬梁上之人。枷鎖重重，繡面文身之輩。

二殺日時重重，單合或雙合合起，三合亦然，宜落空亡，否則必主見財便取，從教害義殘仁，正道不行被刑辱。

詩曰：

天牢劫殺殺雙雙，發跡初年遇矢亡。
剋我合來徒見貴，為軍為盜死他鄉。

詩曰：

亡劫重重臨上座，諸般合起名枷鎖。
若非紋繡遍其身，必定面青并是跛。

劫亡二位，能為吉，能為凶。互合幾重，或曰貴，或曰賤。當詳考論，斯徹隱微。往古來今，知音能幾。口傳心印，涉筆詳陳。傳之後人，當知所遇。

新刊太史秘傳三命統宗應天歌卷之四終

新刊太史秘傳三命統宗應天歌卷之五　前集

太史談天進士九江散仙郭　程　撰註
東海舟山莊　圓　校訂
東海寧波李鏘濤　校閱

女命

若論夫女人之休咎，又非眾學之能精。首論五行，次言四正。祿馬旺生而帶貴，臉媚肌香。太陽水木以逢金，夫榮子貴。

大凡論女人命，尤當精攻詳究，且以五行言之。如帶祿馬、墓庫及天乙貴人，只要一重，或會生旺則吉。更有紫氣兼太陽守四正宮，則主懿德四全，厚富榮夫而益子，淑聲外著，肥家積玉以堆金也。

詩曰：

長生祿馬貴人時，子貴夫榮貌必奇。
秋水為神玉為骨，芙蓉如面柳如眉。

詩曰：

眉拖翠柳面如花，水宿逢金貴氣賒。

紫氣太陽臨四正，益夫蔭子會持家。

或值兩重權殺，兼逢一坐貴人，貌雖賽於楊妃，賢有加於孟母。

女命有權星、祿馬、貴人，一重亡劫、羊刃，有貌而且貞潔賢明也。

如紫氣、羅星、太陽、太陰金水者，亦主夫榮子貴必矣。

詩曰：

一重亡劫更逢羊，天乙逢生祿馬鄉。

絕色過人貞且潔，榮夫益子熾而昌。

少喫多閑管，臨官帝旺帶咸池。

祿馬太多，又有子卯之刑、臨官、帝旺、咸池者，皆主身閑心不閑，喫飯不信甑者也。

詩曰：

祿馬多逢子卯時，臨官帝旺更咸池。

持家愛為他人慮，喫飯何曾信甑炊。

己家如未婚，寡宿孤辰逢惡殺。

亡神、劫殺、隔角、寡宿、孤辰、雙辰、平頭、華盖、三刑皆主剋子刑夫，真所謂「朱簾半床月，青竹滿簾風；何事今霄景，無人解與同」是也。

詩曰：

亡劫孤刑寡隔雙，平頭華盖盡刑傷。
寶香熏被成孤宿，忍對朱簾月半床。

五行恬淡，吉曜照臨，桃羅織錦之無心，積玉堆金之有賸。

五行無祿馬、貴人、臨官、生旺，不帶咸池，或有墓庫無氣，冷淡如水。而有太陽、紫氣照臨四正宮，為人雖拙鈍，巧不足而富有餘也。

詩曰：

五行恬淡福星臨，重厚溫和必至誠。
天使嘍囉無半兩，卻教凝福重千斤。

詩曰：

三命雖平吉曜符，為人謹厚似惷愚。

桃羅織錦渾無用，積玉堆金卻有餘。

色厲而內荏，劫亡刃合於桃花。

女命不可合亡劫、雙刃、貴人、祿馬、生旺，為人外貌假尊重而內淫也。

詩曰：

羊刃劫亡休合動，合動高唐雲雨夢。

合貴合馬合咸池，道是女人假尊重。

家醜而外揚，日月凶連於眾殺。

如乙亥年甲申月己巳日乙亥時是也，甲申月合己巳日，合起劫殺、祿馬、貴人，必與叔通姦而訟，不顧廉恥而為陳平之盜。真所謂「身如蓬島煙霞客，夢繞巫山十二峰」其淫泆而醜，可想其內亂矣。

詩曰：

日雙合月添朱門，時日那堪合殺神。

伯叔緦麻房內亂，不和從此致爭因。

最多醜惡，唯有廉貞，丈夫為慷慨之星，女子乃是非之殺。

咸池在天為廉貞星，為人雖是風流慷慨、心巧機關，然亦愛小便宜。惟男子得之，倜儻疎快。女人逢此夾衩，愛討便宜，所以招人是非也。

詩曰：

凡人命裏帶咸池，自是天然惹是非。
男子逢之多慷慨，女人夾衩討便宜。

學藝多奸巧，出門相識之如林。夾衩討便宜，滿屋眾憎而指背。

咸池主人性巧心靈，故多學多能，所以相識滿天下，有如林之多也。女人犯之名為夾衩，愛討便宜，動惹是非，招人怨罵指背議之也。

詩曰：

命值咸池洗日星，為人性巧極多能。
男人得此多相識，女人逢之犯眾憎。

未言四柱，且說上宮。己不淫兮妻便淫，從而致訟。女守義而夫不

義，因以破家。

咸池，男女逢之皆主酒色。男子上宮逢之，己若不淫，其妻便淫。設或夫妻皆正大，或因婢妾，或因妻黨，有一兩場訟事。凡女人逢在上宮，自己如是正大守義，主其夫遊飲，訟而破家。

詩曰：

上宮切忌帶廉貞，己不淫兮妻便淫。
設使夫妻皆正大，官事因妻及女人。

他刑我剋或長生，盡非吉兆。交相制禦同華蓋，反作福星。

咸池為淫蕩之星，剋我、我生皆主不吉。我剋於他，或日時互換相制，則反為福，仍要華蓋則吉。

詩曰：

咸池剋我最乖戾，剋我我生皆不利。
比和也是賤星名，好色貪財難至貴。

詩曰：

我剋咸池時日會，交傷制禦同華盖。
貪財難犯眾人憎，美貌卻令諸少愛。

面似阿難僧，羊刃倒戈於六害。項有文章袋，凶星同陷於八宮。

女人帶羊刃、懸針、六害及四正，並疾厄宮有火羅計孛星，三命上如水人見亥子之類，皆主有氣項醜貌之疾。

詩曰：

羊刃倒戈兼六害，疾厄凶星命宮會。
四正計孛并火羅，項邊怕有文章袋。

長生取殺以招淫，未婚先產。

寅申巳亥駟馬長生，如帶水、咸池、亡劫，更水孛二星入命，定主在室而先產孩兒。

詩曰：

寅申巳亥馬相催，帶水咸池亡劫來。

水孛二星如入命，未曾出嫁產嬰孩。

日上臨官而帶旺，怨婦仇夫。

凡男女命日上帶臨官、帝旺者，主男則刑妻，女則剋夫，不然夫婦寡合。

詩曰：

夫妻何事久乖訛，日上臨官旺太多。

更加陰錯陽差到，未剋頭夫定不和。

鴛鴦合起咸池，豔柳陌花衢之質。

咸池或帶馬及貴人，最怕鴛鴦合，命逢必淫。

詩曰：

鴛鴦合處是桃花，雖見貴人人鬥誇。

亡劫兩頭仍帶馬，必為娼妓撥琵琶。

祿馬食逢天乙，得金屏繡褥之榮。

日上有祿馬、貴人，或遇食神，或遇六合、三合，主得賢妻，而可得金孔雀繡芙蓉之貴。

詩曰：

食神祿馬貴人同，富貴元因合上宮。
主得賢妻猶孝順，橫財益籍丈夫翁。

孛餤強宮，獨步宮粧而國色。

孛星乃是非之星，在命宮主淫濫，更忌在桃花殺上。

詩曰：

月孛當頭守命宮，孤剋重重疾病攻。
設產豪家并大族，也應曹號到桑中。

馬遊池上，為人佛口而蛇心。

孛星在一宮、七宮，或四正宮，更有桃花馬上，主為人口甜心裏苦，偎儴好罵人，真所謂口有蜜腹有劍者也。

詩曰：
孛星一七占桃花，唇觜偎儴作齒牙。
怒氣滿胸難合眾，口甜心苦是姦邪。

一七四宮主嫌對換，孛金紫氣忌在遷移，對換主為河上臺已難免辱，遷移宮為高唐觀，妻必淫倡。

一命宮、七妻宮、四田宅宮主不宜對換，九遷移宮不宜見金孛氣星。如宮主對換，主為人無大無小，有登臺之作家，必有彭城大法之譏。如金孛紫氣入遷移宮，主其妻私通僧道，內必有臨濟老婆之醜也。

詩曰：
命宮命主入田來，田宅宮星七位排。
二主不宜相對換，其人無禮定登臺。

詩曰：
金星第九孛星同，紫氣皆來入此中。
妻必風流多美態，私於僧道有姦通。

天偶居兄弟之宮，妻私棠棣。太白會咸池之位，內亂緦麻。

天偶者，妻宮主星也。或陷在兄弟宮，主有盜慕陳平無是則、連枝同氣射同科之醜。或金星在兄弟之宮，更陷在咸池之位，亦主男女必內亂，私通緦麻以上之親，其家道之醜可勝言哉。

詩曰：

天偶星居兄弟方，金星或落第三堂。
其妻必定通兄弟，內亂緦麻醜外揚。

若談男女之宮，必以生時而論。貴人祿馬，定多鸑鷟真英。羊刃劫亡，元是螟蛉庶出。

時為子息，萬世不易，一定之說也。如逢貴人，必主子多而內有跨鰲之子。如逢雙刃、劫亡，未免刑剋，只宜庶出，螟蛉則半吉。

詩曰：

貴人祿馬在生時，定主多男有白眉。
天上麒麟欽把送，人間鸑鷟定希奇。

詩曰：

羊刃劫亡臨帝座，兒女宮中難免禍。

若非庶子及螟蛉，必定重重刑剋破。

孤同華蓋，一子非真。水輔太陽，雙雖異眾。

時上孤辰、寡宿、雙隔、雙辰、刃、亡劫、華蓋，皆主少子，一人而已，猶恐非真。如太陽與水星同到男女宮，主二子而後異常倫也。

詩曰：

孤寡亡華祇一人，不多方可保其身。

太陽金水兒男位，二子飛騰邁等倫。

夜宜月後，日喜炎光。如云雨曜反居，定主一生無子。

夜生人，太陽在男女宮。日生人，太陰到男女宮。更三命孤剋，主一生無子息也。

詩曰：

太陽宜日夜宜陰，第五宮嫌反照臨。
若有乾生仍剋破，不然庶出也如金。

彗同首尾，五宮無戰以無刑。嚳播乾坤，三鳳半真而半假。

首尾二星及孛星在第五宮，更須三命不孤，必主齊三子，然此三星亦是孤星，三命不孤，主三子之中必有乾生，湊足為吉。

詩曰：

孛星羅計五宮安，三子成人必易看。
或主乾生來湊足，增光宗祖少饑寒。

詩曰：

孛羅計主子三人，半是乾生半是親。
第五宮中如會福，名齊三鳳異常倫。

日月如臨命妾，計羅嫌共光輝。若非庶出乾生，斷定雙親早喪。

羅計同日月在命及妻宮，多是過房重拜爺娘，庶出之子。如在田宅、官、福，則主剋害父母於早年，此必然之理也。

詩曰：

太陽為父母為陰，一七宮防共照臨。

孛蝕與災刑父母，乾生方免禍來侵。

詩曰：

羅睺神首最乖張，父母多刑或過房。

日月命宮皆剋害，偏生庶出始相當。

蓋以陰陽肇始，宜其清濁兩分。一耦一奇，從而配合。或男或女，用以繁滋。格局低微，主孤主夭。根基壯實，招貴招榮。倘能目擊於斯文，乃可心傳於秘訣。

新刊太史秘傳三命統宗應天歌卷之五終

新刊太史秘傳三命統宗應天歌卷之六　前集

太史談天進士九江散仙郭　程　撰註
東海舟山莊　圓　校訂
東海寧波李鏘濤　校閱

星命

人言大耗凶甚難當，根基駁雜而剋年，貧窮萬狀。星命吉強而刑殺，富貴雙全。

元辰大耗主人貧賤，我去剋他反為福祿。如乙丑年己卯月庚申日壬午時，此生於豪家又發跡。如甲辰年見癸亥，反來剋我，主貧窮。

詩曰：

帶鬼元辰帝座居，更逢亡劫出無驢。
家無甑石錐無土，甑有塵埃釜有魚。

詩曰：

耗殺只宜上剋下，我剋他兮福無價。
受降翻作吉星辰，橫發資財爭擁迓。

沐浴遇傷，驕淫逞扮。墓中帶貴，節儉慳貪。

沐浴殺，長生前一位，主人亂交羣小，遍身刺花，驕恣逞扮，愛趂社火，好門籠養也。墓庫帶貴，則主節儉而慳貪。

詩曰：

性貪酒色亂交群，為帶長生前一君。
上剋下傷加倒食，露頭跣足刺花紋。

詩曰：

五行恬淡渾無氣，墓庫重重兼帶貴。
斷作斯人只守成，平生節儉多慳鄙。

大凡月孛一星，最不宜於水命。那更咸池共值，多巧計以機關。

孛星在五行之中，唯有水命不宜見之，為人使小智，多僑傑，得人憎。更共咸池，尤不吉。

詩曰：

木火孛星尤尚可，水人逢孛最非良。

為人詭計多翹術，愛使機關用肚腸。

詩曰：

水人最忌逢天彗，那更咸池臨命位。

機關巧計術如神，奈緣不得他人意。

或臨四正遇官符，遭刑骨罣。或在兩強逢驛馬，曹號扇搖。

孛在官符位上，因人骨罣官司。如在命、妻宮逢驛馬，主有扇搖之事。

詩曰：

孛星一七占官符，骨罣官方罪必徒。

千里南行方免禍，依前刑剋又為孤。

詩曰：

玉質花顏步步嬌，孛星馬上啖雲霄。

花開月下貪歡笑，豈料人知盡扇謠。

金水同宮，病主氣血。劫亡共位，威鎮邊疆。

孛星與金水同宮，主有血氣之疾。如與亡神、劫殺共位，主威鎮邊疆。

詩曰：

切忌孛星來入命，同水兼金居四正。

若非咳嗽氣血勞，必主晚年亡哽病。

詩曰：

孛居四正水兼金，自古推詳非吉星。

若也劫亡來共位，非常福祿重千鈞。

再言二運，切忌返吟，破財損耗於精神，多事刑傷於骨肉。

大小二運若逢返、伏兩吟，耗財或損精神，甚者至於刑傷骨肉。

詩曰：

運若相逢返伏吟，錢財耗散損精神。

死亡骨肉遭官事，兒女夫妻不用心。

會馬或逢鞭策，終日奔波。行年或逼殺神，驚風顛撲。

如子人運在寅，又是申子辰年，或大小運又且相衝，謂之馬逢鞭策，主奔波不停。或太歲逼殺入局，主顛撲驚風之疾。又如人之中年，運在寅申巳亥四衝之宮，或衝或併，謂之馬逢鞭策，主人波波碌碌也。

詩曰：

馬逢鞭策主奔忙，動則經營出遠方。

三十不豪將四十，切防足目患風瘡。

詩曰：

歲運相衝馬不行，氣虛腰足致酸疼。

更逢逼殺來歸局，咳咳驚風氣不升。

五行一字而無間，萬口一辭而曰奇。

謂金木水火土一字無間，又純粹入年，或聚朝生時是也。

詩曰：

五行命裏若逢全，主旺須知入本年。

聚斂精神歸一處，須教富貴兩無偏。

木杵成林，土能培養。水純激浪，地以隄防。

如年木月木日木時木，其間得土，謂之培養。培養既豐，則本根深而枝葉暢也。五行一字皆水，要一土以隄防其泛濫方吉，如無土則揚波激浪而無歸着也。

詩曰：

純木無根終不牢，謾誇枝葉半天高。
縱饒富貴應無壽，運限逢凶數不逃。

詩曰：

純水滔滔縱渺茫，臨官無土亦離鄉。
只宜帝座逢辰巳，始有歸藏變吉祥。

金欲鏗鍧，必賴丙丁而成器。火如烈燥，當資壬癸以制威。

五行一字皆金，必得火而後成器用，不然則晦而埋光鏟彩也。五行皆火，純火則烈燥，要得壬癸之水以制其威方為福。

詩曰：

純金無火不能陶，死絕空亡是等曹。

帝旺若臨時日上，虛名虛譽困錐刀。

詩曰：

純火炎炎壽不長，休囚是可足衣糧。

無水不能相濟遇，太旺須知福是殃。

純土成山，謂藏秀氣。一宮遭水，又泄精神。

五行一字皆土，而謂之聚斂秀氣。純土成山為貴為福，切忌見水，只宜水弱。若遇水強，謂之泄精神，又為不吉。

詩曰：

純土成子岱嶽同，日時庚子最興隆。

精神聚斂為奇遇，應許童年步月宮。

五行至富之家，墓逢正印。四位無財之庫，位在空亡。

五行多財而富有，四位正印墓庫而聚斂也。如五行中有四位空亡墓庫，則有名無實，又為無財之庫，徒然而已，談命者當詳之。

詩曰：

試問五行何最貴，墓庫五行為第一。
若還正印得歸來，價直黃金千萬鎰。

詩曰：

人言墓庫福鎡基，六甲旬中理可推。
四位空亡空墓庫，日時逢此又非宜。

逢鬼逢刑不敢歸，隨分隨緣度終日。

墓庫逢鬼又逢刑，五行皆不敢歸墓，則隨緣逐日作生涯而已。

詩曰：

逢破逢刑不敢歸，或逢鬼剋反無依。
如斯捻是尋常命，衣祿隨緣度歲時。

五行一善，應非大福之人。眾殺聚權，方是主財之士。

五行無救，五星又善，只一善人而已。凡大富大貴之命，須帶權帶殺。

詩曰：

五行一善人慈善，慈善應非大福人。

軍人返吟并破碎，精神顛倒便家貧。

詩曰：

有權有殺少星辰，厚薄須來此處分。

寧有吉星無吉命，經營發跡顯家門。

眾權皆聚，三命非常，當富貴之有餘，何杳茫之無驗，只為星辰之散亂，故令福祿之支離。

三命有權有殺當主為福，如何不驗，只因星辰散亂在十二宮中也。

詩曰：

三命非常吉顯然，臨宮祿馬又朝元。

緣何富貴皆無驗，只為星辰散滿天。

若說四強，當別後先之序。如談五弱，須明輕重之權。

四正宮福禍輕重當別後先，第一命、二妻、三官、四田，謂之四強。如五弱，一相貌、二奴僕、三兄弟，餘宮尤不謂之十分弱也，故談命者不可不別後先輕重之分也。

詩曰：

凶吉無過說四強，四強尚有短和長。
一宮為七七當二，官祿為三細較量。

詩曰：

五弱之宮當發用，一貌三奴明所共。
二輕最是兄弟宮，學者當明輕與重。

羅計孛逢紫氣，首占龍頭。木金水遇太陽，亞登虎榜。

紫孛星在命宮，如方狀元夢魁，辛巳年戊戌月庚戌日辛巳時是也，當作天下大魁。木金水日雖秀，然終不能為解省魁選也。

詩曰：

紫羅計孛木星同，詔議文章早化龍。

必作自魁若百首，兼資文武立奇功。

詩曰：

太陽金木水星來，設占窮令有大才。

窮移年尤應有日，此星愛秀不為災。

身朝鳳闕，殺制學堂。策奏龍墀，運逢官旺。

權殺與學堂相制是也。如章公鼎命，甲戌年丙寅月辛巳日甲午時，殺與學堂并在辛巳，而受甲戌之火制，所以同年三舉，少年登科。凡少年之人須要行長生、帝旺、臨官之運則發。如淡采命，壬申年丙午月甲子日丁卯時，乃主在申酉運中及第也。

詩曰：

為官須是有文章，若說文章要學堂。

權殺學堂兼有制，姮娥爭看綠衣郎。
詩曰：
運入臨官帝旺間，少年遇此力如山。
遊年發跡緣衝并，士子飛騰面帝顏。

星命好而運無氣，終不榮超。
星命皆好，當主華顯。如何不發？蓋為運限休囚死絕，所以不發也。
詩曰：
根基最好星辰聚，緣何薦舉難登第。
大運行逢死絕間，少年遇此為無氣。

運限吉而命不中，應難發跡。
運限俱吉，只為五行無權無貴，所以難發跡也。若有權有殺，兼之運吉限吉，則主為富貴也。
詩曰：

運限般般合吉星，如何不見福相親。
根基淺薄應難發，發跡依前不過人。

老限如逢墓庫，生涯愈見精神。

老人運限最喜休囚、墓庫，愈見精神。
詩曰：
墓庫休囚稱老人，運逢矍鑠轉精神。
裸形夾殺無交併，啼鳥山花一樣春。

少年若值休囚，作事有如醉夢。

少年運限在墓死休囚之地，渾如醉夢，作事無成也。
詩曰：
少年不發墓中人，死絕休囚亦大屯。
恍惚幾年如夢寐，退財遭辱減精神。

星辰既吉，鬼殺皆降，雖運限之未來，亦富榮之先及。

如乙丑己卯庚申壬午，戊亥子運不好，如何大發？盖星又吉，命中殺又降，四分好處先到，六分不好後來，所以發跡也。盖人之三命最要鬼破殺降，方為吉兆。

詩曰：

鬼破殺降星又吉，運限未來先發跡。
四分好處六分凶，好處卻來凶不及。

箅定其人當剋，如何舉室無偏？直須運到返吟，必定妻離子散。

命中日時犯亡劫、孤辰、雙辰、雙刃、雙隔、華盖、臨官、帝旺、陰錯陽差，當主刑妻剋子。緣何不發？只緣運未到返伏吟，纔到返吟，定主離散。

詩曰：

箅他鐵定當刑剋，妻子如何無間隔。
只緣運未到返吟，纔入返吟須戴白。

星辰既善，命運無凶，如何年少而遽亡，蓋為方隅之有犯。

星辰神殺，在天為天星，在命為神殺，在生時注定已了然，在地為土殺。凡方隅作用，則又當固避之，不然能殺人。

詩曰：

運限不凶兼不戰，根基又好星辰善。
緣何年少便身亡，必犯方隅凶吉變。

談星談殺，雖云禍福難明。察色察心，則又吉凶罔僭。

談星談殺雖已詳明，又當察其人顏色，心如其人，用心險則易察凶，顏色善又無凶。

詩曰：

談殺談星察用心，用心一險便欺人。
欺人易惹災殃至，縱吉星辰也變屯。

根基萎薾，福本易消。運限併衝，壽難長享。

五行無氣，謂之萎薾。雖有福氣，本易消也。如運限遇凶星併歲君衝併，即死無疑也。

詩曰：

萎薾根基福便消，殺星行限數難逃。

歲君擊運運衝併，春雪秋花壽不牢。

前迎後送，相逢凶惡之星。竊氣入關，宜作夭亡之命。

如女命，癸酉癸亥乙卯甲申，一金生三水為竊氣，十月寅申為短命關，又行寅運，孛星在子送限，火星在子迎限，故少年而夭，其驗如此。

詩曰：

火土元來號殺星，羅睺計孛反添嗔。

同宮行限人當死，只見桃花不見人。

陰功可延其壽，吉人依舊無災。

凡有陰功，可以延壽，蓋吉人凶則吉也。

詩曰：
陰功延壽蓋無誑，吉人依舊無災恙。
智者能調五臟和，下理愚夫多夭喪。

自刃疊逢於日時，終遭刑憲。
十二般自刃，如日時重疊帶之，非宿疾壓身，則遭刑被辱也。
詩曰：
自刃都來十二般，日時重疊主凶殘。
若無宿疾投刑憲，限若逢凶便是關。

暗曜四并於水火，死化為灰。
羅計氣孛皆暗行於天，如在四正宮見之，并遇水火二星，更日時或雙刃，主死於灰骨。
詩曰：
日時自刃帶將來，飛刃兩般俱作災。

暗曜四強同水火，少年惡死化為灰。

第一呼遊，孛羊坐命。無雙富貴，刃鬼逢衝。

立命在羊刃上遇孛星，主第一呼遊淫蕩。如丁酉丁未丁丑甲辰，乃是破羊刃、飛刃、破鬼也，主一生發跡。

詩曰：

羊刃排來第一宮，孛星不顧更相逢。
呼遊賭博人凶狠，不有官刑不善終。

詩曰：

日時羊刃眾皆嫌，逢破逢降反作權。
不貴即當家大富，權星只此露其玄。

五行不旺，四正無星，緣何福祿榮華，必是陰陽蔭注。

五行無氣，不可取用。四正又無吉星，如何平日享福？蓋有陰陽風水使其然也。

詩曰：

根基恬淡渾無吉，四正宮中星又失。
何緣平日享榮華，必是陰陽風水力。

刃針聚命，計孛當頭，是多鬼殺之徒，斷作屠行之命。

計孛當頭守命，或多懸針、雙刃、聚殺帶鬼，必是屠兒，計孛見殺而喜。

詩曰：

命宮計孛若當頭，羊刃懸針各鬥矛。
鬼殺聚來多秀氣，必為經紀宰豬牛。

詩曰：

根基善弱惡星來，計孛當頭作禍胎。
必是偏房并寄養，刑妻剋子致凶災。

鋌銷銅鐵，火金併在強宮。

四正宮宮主陷在弱宮，而有金火同爐在於四強，則主打金銀銅鐵之工匠也。

詩曰：

鉟銷銅鐵打金銀，金火同爐陷主星。

孤弱根基金獨照，不持刀斧便持針。

染練紗羅，水氣同臨正位。

水星、紫氣同臨四正之位，主為染匠也。

詩曰：

水星紫氣兩同臨，綾錦紗羅染練真。

紫氣不來三命弱，使船賈酒打魚人。

氣居命位，清閑藝術之人。

紫氣入命，為清閑巧秀藝術之士。

詩曰：

紫氣清閑藝術人，孤華兼殺技尤真。
能文能武多謀略，空裏榮華事事新。

金入財宮，製作衣裳之輩。

財星陷了，宮主卻強，而又有金星入財帛宮，主長把針刀，為針工也。

詩曰：

財星陷了主星強，金入財宮絕豔陽。
長把針刀長快活，相人形體作衣裳。

凶星送限，定為蝶夢神仙。運限落空，即作南柯太守。

且如限欲交未交之際，有火羅計孛、土星、囚星、忌星一迎一送，或又二運相衝，謂之凶星送限。運限切忌俱落空亡，更逢囚星、忌星剋生年，定凶。水土木命人遇之為災尤甚，則主彩轝三尺遨遊蒿里之中，夜壑孤舟沉沒逝波之底。

詩曰：

凶星送限本非良，迎者居前大不祥。

二運五行更衝併，邯鄲一夢感黃粱。

詩曰：

運限都來盡落空，囚星忌曜更加逢。

百年塵世榮華事，一枕南柯蟻夢通。

予也埋頭星命，浪跡江湖。擔登天下步清風，卦劍巖前弄明月。知命付去來之詠，倚空吁長嘯之聲。乃將有驗之文辭，具述無窮之造化，用之百發百中，取之萬舉萬全。得而明之，俟夫來者。

新刊太史秘傳三命統宗應天歌卷之六終

新刊蜀本命書要訣應天歌卷之一　後集

九江道人郭程去非　撰註
東海舟山莊　圓　校訂
東海寧波李鏘濤　校閱

論亡神劫殺

亡神劫殺少人知，十六般名最隱微。
往古來今無識者，神仙不肯泄天機。
羊刃亡神並劫殺，我去剋他身便發。
殺財不是等閑人，筭計如神無挫剎。

凡是亡神、劫殺、羊刃，只要我去剋他則吉。如亡劫受剋、羊刃受制，皆非等閑之人，必主謀略筭計、見事如神，作事不露機關，兵行鬼計。如戊申年壬戌月癸巳日癸亥時，乃江西劉其姓者，一生大富，緣其亡劫受降，反為我之用，反為我之福。例皆如此。

劫殺亡神剋本身，那更年頭少貴人。

斷為巫藥並屠儈，賭博耽杯困世塵。
劫殺亡神帶鬼來，為人遊飲破家財。
若逢天乙為巫藥，牙儈屠行一例裁。
亡神、劫殺、羊刃皆不可剋身，必主為人狠暴狡儈，設為稅家，家計日退，只可作巫藥、牙儈、屠宰之人。

嘍囉福少是如何，亡劫相生不剋他。
神殺不降終不吉，降中有救又為魔。
亡劫相生不受降，機關性巧世無雙。
降中有救皆成禍，必定遭刑徙外邦。
凡是亡神、劫殺、羊刃、咸池，主人性巧嘍囉，但巧而福少。殺神不降，終不肯十分為福。如辛巳年庚子月庚申日庚辰時，庚申之官符巳降於辛巳，卻有庚子、庚辰三合合起官符，降中又不降也。雖我剋於他，又且白面編管，謂之降中有救。

我去剋他他占旺，我在休囚無力量。
君弱臣強降不降，福反生災下欺上。
身雖剋殺殺居強，我弱他強不肯降。
為人智術如神妙，享福應難富貴雙。
如庚辰人見己亥，辛巳人見庚寅，壬辰人見乙巳，乙丑人見庚寅，終不肯十分為福，謂之亡神在於降不降之間也，主人詭計百出而福少。

十六般亡神名
倉庫亡神珪玉軒，鼎規父母不同言。
兒羅溝壑枷停力，虜噴花雲鼓樂天。

倉庫亡神（我剋他是也）
倉庫亡神我剋他，剋他洪福自然多。
殺降可比陶朱富，華屋神仙豔綺羅。
倉庫亡神他受剋，我勝自然生福德。

陶朱倚頓富非常，貫朽粟陳能敵國。

珪玉亡神（如京承相，戊午丙辰辛巳庚寅，真長生之位。）

珪玉亡神生復生，貴人相濟早飛騰。

專兼帶祿專生旺，佩玉鳴珂玉殿行。

珪玉長生帶貴人，黑頭年少作朝臣。

衣冠濟濟登黃甲，環佩鏘鏘上紫宸。

軒冕亡神（臨官空亡）

軒冕亡神殺落空，落空反使福興隆。

蛟龍不是池中物，雕鶚當橫漢外風。

臨官與殺落空亡，空卻亡神福反昌。

非止乘軒榮仕路，到頭戴冕侍朝堂。

鼎鼐亡神（羅紋貴人）

鼎鼐亡神神氣全，貴殺臨時時反年。
更得長生旬內見，白衣拜職佐堯天。
鼎鼐亡神仔細推，羅紋天乙在年時。
本音生旺同旬見，調鼎鹽梅賴爾為。

規矩亡神身不剋殺，殺不得位。
規矩亡神我占強，殺居弱地欲來降。
廉平恭謹無荒蕩，名姓濃薰班馬香。
規矩亡神勢若何，欲來降我我強他。
端莊謙敬為人物，方正賢能射甲科。

父母亡神他反生我
父母亡神反生主，自生自旺為奇遇。
不逢孤劫只一重，冬溫燠館錢流地。
父母亡神生本年，精神聚我反純全。

祿同生旺無孤鬲，金穀盈餘號爛錢。

羅綺亡神（貴人同到）

羅綺亡神上座（加上宮帝座），貴人同到福尤賒。
不論孤劫如無戰，簾幕中間度歲華。
日時天乙併亡神，號為羅綺吉星辰。
縱多凶殺如無剋，錦繡叢中富貴人。

兒女亡神（我去生他）

兒女亡神上生下，自旺自生成造化。
若無隔宿及孤辰，亦作人間一富者。
兒女亡神自我生，加臨上座要分明。
若無孤劫推生旺，溫飽家揚跨竈名。

凡父母亡神、兒女亡神只是一重方吉，若見孤辰、寡宿、隔角、劫殺，謂之孤劫，又主破業之人。若無此數項，亦可作人家溫飽之命。例皆如此。

停力亡神如木人見木殺

劫殺亡神不肯降，兩邊停力鬥鋒鋩。

火人火殺為兄弟，無生無貴作屠行。

本音亡劫為停力，不伏不降相鬥擊。

斷作屠行牙儈人，或為巫藥丹青客。

如一屠兒，命癸亥年庚申月丙戌日庚寅時。如己丑年壬申月甲辰日丙寅時，乃畫工藻火人。

虜掠亡神反剋我者是

虜掠亡神殺剋身，牙儈師巫藝術人。

非禮取財言語妄，平生饕飧惹人嗔。

剋我亡神名虜掠，為人似惡又非惡。

不是談天說地人，斷為牙儈並巫藥。

溝壑亡神破宅剋身

溝壑亡神無吉照，破宅剋身兼鬼嘯。
中年作丐死無棺，謀拙計窮遭恥笑。
溝壑亡神在鬼鄉，命前五位更冲傷。
琉璃井裏謀生計，須信家無隔宿糧。

如甲子年丙子月丁卯日乙巳時是也，劫殺剋身破宅，亡神與劫殺同到，賣盡田園而倚于貴族，謀拙計窮遭人恥笑。例如此也。

鼓樂亡神單合合起，不降不剋。雙合同。

鼓樂亡神貪酒色，合起不降仍不剋。
鬧花叢裏好安身，走遍東西與南北。
不降不剋合偏逢，鼓樂風流得意濃。
洛浦夜遊羅綺陌，秦樓朝醉管絃風。

噴血亡神亡劫全，六合合起，剋於本年。

噴血亡神劫殺全，兩頭合起剋生年。
萬人駭愕觀屍首，命若休時莫怨天。
年時雙合鬼同鄉，噴血為災不可當。
若匪遭刑囚桎梏，定生痼疾至膏肓。

如甲子年乙亥月己亥日己巳時，甲來合起己亥、己巳為禍，卻喜兩空，落空不能為害，又被巳巳相衝，衝實了空亡，巳巳之平木歸附於己亥，二木生乙亥之火以剋於金。巳為命宅，亥為祿宅，被人殺了。如甲子乙亥己巳辛未者，為富為貴，殺落空亡，官貴旬內，所以為福。

雲水亡神孤辰、寡宿同到。

雲水亡神獨守房，三刑孤寡又同鄉。
可憐明月清風夜，啼鳥一聲人斷腸。
雲水惸居子一身，那逢刑寡及孤辰。
逍遙物外聊隨物，自在塵中不染塵。

花柳亡神單合合起，我弱他強。
花柳亡神合起他，不降不剋反風波。
駸駸白髮猶無恥，尚向樽前唱豔歌。
殺名花柳最風流，合起他剛剋我柔。
秋月春花老猶愛，陽春白雪日常謳。

枷鎖亡神日時兩重，單合合起。雙合、三合亦同。
枷鎖亡神是兩重，一重合起日時中。
若還離面回鄉里，吉曜加臨四正宮。
亡劫兩重臨上座，諸般合起名枷鎖。
若非紋繡遍其身，必定面青并足跛。

如乙丑年壬午月甲申日己巳時，雖是一重不合，是合起，遂為一配吏。如日時兩重者，亦主徒配。如己巳己巳庚申庚辰時庚申胎，亦一配吏。

十六般刧殺名

瓊珠冠紀併旌旗，庫𦊅提鹽貪門翳。
刀管風煙皆是煞，天牢十六共同推。

瓊珠刧殺 我去剋他

瓊珠刧殺主多財，富貴榮華不用媒。
自是殺財財穀聚，不求還也自天來。
瓊珠刧殺晑推排，我剋他兮是福媒。
斷作庫中財寶命，世間多寶一如來。

冠裳刧殺 臨官空亡

冠裳刧殺落空亡，併有臨官一例詳。
富貴榮華無比並，仍教月裏姓名香。
殺帶臨官更落空，冠裳濟濟有誰同。
長裾不向王侯曳，袞職當充補帝聡。

紀綱劫殺殺雖不降，殺卻不得其位。

紀綱劫殺性安常，規矩溫和更善良。
非禮不言仍不妄，謀猷韜略計偏長。
殺居弱地我居強，縱不來降自紀綱。
動貌周旋皆中禮，溫良正大福非常。

旌旗劫殺貴人同到

旌旗劫殺貴人併，首見艱難後必成。
才鎮一方人仰慕，比和仍許奏功名。
大將大任降其身，殺號旋旗同貴人。
苦志牢筋方見効，雙全富貴異常倫。

劫殺與貴人同臨上座，必主為人先難而後易，先貧而後富，先賤而後貴，先凶後吉，蓋殺貴同鄉也。

冕旒劫殺真長生位

冕旒劫殺是長生，包殺於中卻並行。
天上麒麟來地上，解教禹浪透三層。
劫殺并包殺自生，垂旒戴冕立功名。
黑頭宰相人間瑞，千里侯方鎮外英。

劫殺帶真長生并包殺，必主為人在外為諸侯之位，在朝為宰相之職也。

鹽梅劫殺羅紋貴人

鹽梅劫殺羅紋貴，貴殺兩般同共至。
妙齡應許去朝天，為雨為霖家國治。
貴人同劫互羅紋，要在年時不剋身。
異日調羹充大用，少年平步上青雲。

羅紋者，如壬子生人見乙巳時是也，要在生年與生時在月日，福少仍不可剋身也。

庫堂劫殺（下生於上）

庫堂劫殺下生上，為福一重自生旺。
兩頭衝破始為奇，合起疊來皆破蕩。
庫堂劫殺他生我，本音生旺宜衝破。
若還年去合生時，蕩盡家財非一禍。
帝座帶自生自旺，反生本年一重則為吉，仍喜兩頭衝破，如是帶合，合起朝年則為禍害，必主破家。

鬥爭劫殺（如己巳見庚寅是也，火人帶火殺。）

鬥爭劫殺兩邊怒，相鎖名為相制禦。
相制番為福壽謀，上玉登金終穩步。
不相制禦反斯言，若非屠醫是巫蠱。
殺在本音名鬥爭，各專威福兩邊停。
直須相制非常福，否則屠兒巫藥名。
鬥爭者，是本音之殺也。兩邊相停，要相鎖、互換、制禦，則非常貴也。不相制禦則主人為賣藥郎中、師巫，為拙性之人也，不然則一居行而已。

提孩劫殺（我去生他）

提孩劫殺母生子，單見一重為福祉。
若逢孤劫更一重，喪家遭辱傷兒女。
如何劫殺號提孩，我去生他一位來。
刑寡不宜重互見，必遭兒女喪家財。

我去生他一重則吉，如有三兩重，更帶孤辰、寡宿，必主兒女破家，更遭辱也。

貪忺劫殺（殺來剋我）

貪忺劫殺最非祥，鬼殺難禁兩並傷。
撚水成團為活計，身投憲網累材坊。
殺號貪忺因帶鬼，鬼強身弱應無禮。

貪婪不已用心忨，遭累方知財害己。

殺來剋我名為貪忨，如丙子辛丑庚戌丁亥，方五十五歲而殺人。此殺主人貪婪不已，非義取財，因財受刑憲，故為之財害己也。

翳桑劫殺 破宅殺剋身

翳桑劫殺兩破宅，卻與亡神相對立。

設有朋黨及比和，暮討朝餐家四壁。

破宅翳桑殺剋身，那堪相對見亡神。

廚無煙火壺無酒，戶有蜘蛛甑有塵。

破宅殺來剋身，名為翳桑。翳桑者，貧而無屋可居，必賴桑林翳覆也。更與亡神對衝，主人家徒四壁，鷹泊梟漂，戶有蜘蛛，廚無煙火。

管絃劫殺

管絃劫殺日時中，單合相生只一重。

酒色破家刑憲及，尚貪管絃醉春風。

管絃劫殺日時連，酣酒嗜音不管天。

幾度醉歸明月夜，笙歌引入畫堂前。

合起我弱他強，不降不剋，或單合、雙合合起在於日時，必主為人因酒色破家而尚不知羞恥，酣酒嗜音而無厭也。

刀鏘劫殺亡殺全，又剋羊刃，更重重合。

刀鏘劫殺兩三重，凶與亡神一樣同。

得黨剋年兼帶合，死時血染路頭紅。

刀鏘劫殺更同亡，合起重重又剋羊。

助桀成羣為暴虐，便為鐵漢也須傷。

亡劫雙全，又剋羊刃，更重重合起，謂之助桀為虐，必主為人惡死，便鐵漢亦帶傷也。

煙霞劫殺孤辰、寡宿同到。

煙霞劫殺更逢孤，一枕單衾只自鋪。

好作林泉閑散客，俗人骨肉憐如無。
煙霞劫殺遇孤辰，獨自秋光獨自春。
茂竹清泉三島客，清風明月一閑人。

風流劫殺（殺在死絕，我去生他反合起。）

風流劫殺逞風流，柳陌花衢汗漫遊。
女子逢之嬌態美，綺羅帳裏度春秋。
劫殺風流媚可知，輕盈綽約逞嬌姿。
春風桃李花開夜，秋雨梧桐葉落時。

劫殺逢死絕，我卻去生起他，不合是合起，必主為人風浪美貌，然而淫慾醜聲必不免。且如甲申年丙子月己巳日戊辰時之命，湖北江西過了，先唱後寵。

天牢劫殺（殺雙雙來剋主）

天牢劫殺殺雙雙，發跡初年慮夭亡。

剋我合來徒見貴，為軍為盜死他鄉。
天牢得黨剋生年，發跡須防命不延。
忌合重重應喜貴，中年免得禍來纏。

如丁巳年壬寅月戊辰日甲寅時，初年起於小人，中年驟發，至四十七八而死。如癸酉年甲寅月丙寅日庚寅時，甲寅制丙寅不喜，又逢庚寅之木以助丙寅之火，卻乃火得勝而金不得勝，甲寅力不能敵，癸酉不能為主，不免配而死於軍中也。

新刊蜀本命書要訣應天歌卷之一終

新刊蜀本命書要訣應天歌卷之二　後集

九江道人郭程去非　撰註
東海舟山莊　圓　校訂
東海寧波李鏘濤　校閱

論戰鬥伏降刑衝破合

五行八字最難詳，戰鬥刑衝合伏降。
明此玄機明此理，惟聞大宋小汾陽。

三命只是八字，豈易言哉！有顯而隱，隱而顯；吉而凶，凶而吉。且請詳戰鬥伏降、刑衝破合八字之中，吉者宜剋入、宜合，不吉者宜破、宜我剋於他也。

戰鬥為福格

戰鬥為祥力兩停，兩邊相制始為榮。
夫妻相稱仍和順，平步青霄萬里程。
要知戰鬥福千鈞，四柱相停力不分。

沙漠揚威聲萬里，詞場筆陣掃千軍。

凡五行不戰則體常，遇戰則迭為賓主，且如趙梓判府，己巳癸酉庚寅辛巳時，己巳平木怕癸酉之剛金，日為本，本乃庚寅之旺木，己巳之平木依附庚寅自立為主，癸酉勢孤不能敵，而又有辛巳之金為之輔佐，亦自立為主。己巳主弱而庚寅為佐者強，癸酉之金剛而辛巳為佐者又弱。強弱相稱，兩邊力停。我剋者為夫，受剋者為妻。夫妻剛柔相濟，於是木性愛金順義，金性戀木慈仁。金主乎肺，木主乎肝。肝藏三魂，肺藏七魄。魂魄自安，精神自俊。筆陣掃千軍之武，勇威為四國之藩，所以戰鬥之中反得福也。及交巳限，金須長生，是以不足。

戰鬥為禍格

五行遇戰主多更，相對相衝便鬥爭。
鬥不得贏番惹禍，力停須看兩相登。
刑衝戰鬥辨輸贏，四柱偏頗力不停。
魚腹有災防溺水，鼠牙莫近恐遭刑。

春三月旺木，夏三月旺火，秋三月旺金，冬三月旺水，乃天地四時循環之常理而已。五行當參天地造化，以評禍福。如任道士，壬午年己酉月己巳日壬申時，平木生秋月，白帝行令之時，金得勝之鄉，而木不得勝之候，巳申酉皆金得勝之所，況壬申之金得土以滋其勢，己巳又合起壬申為禍，而剋己巳納音之木，故二十八歲溺水而葬於魚腹之中。又如丙子庚子丙戌己亥，己亥制丙戌，而庚子同宮，戰鬥不得勝，就家降於鬼鄉，至二十三歲亦溺水而死。計都守命，《曆象賦》亦不虛言也。如不溺水，切忌獄訟喪身。

伏降為福格

上宮刑月月刑年，貴在休囚鬼勢偏。
帝座若還仍剋日，遆相關鎖福滔天。

如乙巳年甲申月乙酉日己卯時，乙酉之平水歸於甲申而剋乙巳之火，火卻不得位，而水反得勝，鬼得其黨，謂之鬼嘯。卻喜己卯之土，先破乙酉之水，復制甲申，互換相制不能為禍也。

伏降為福下刑年，帝座居強獨主權。
心廣體胖膺百福，子榮孫貴更雙全。

如甲子丙寅甲申辛未，辛未之土制甲申之水，甲申之水破丙寅之火，皆反為福，必主為人心廣體胖之君子，孫榮子貴之福人也。

伏降為禍格

鬼來攻我占強位，我在弱宮無銳氣。
鬼殺兩般都不空，合鬼無援命離世。
鬼逢生旺擅強梁，身弱名為我反降。
若得空亡應免禍，如無救援定為殃。

如辛未辛卯辛卯己亥時，鬼在強宮，但喜己亥空亡，乃僅衣食而已，亦且不過四十四五歲而死亡。

衝破為福格

母破鬼傷子來救，子報母冤排左右。

破其鬼賊衝其刑，破鬼衝刑為福壽。

如戊午年癸亥月癸巳日丁巳時，癸巳之平水歸於癸亥，冬月水勝之時而剋戊午無氣之火，況亥為破祿、巳為破宅，合主貧賤全。喜丁巳之土就身剋退癸巳，衝破癸亥，癸亥無黨，受破不敢剋戊午之火，皆丁巳之力，土乃火之子，故謂之子來救母，一生富足才學也。大抵鬼殺宜破不宜合也。

鬼殺來刑要帶衝，交相衝破卻無凶。

文章獨步誇王粲，富貴雙全比石崇。

如乙亥乙酉癸巳癸亥時，衝破其鬼反為福，一生富貴，有禮得祿名，若非癸亥衝破，豈奈四鬼乎？

衝破為禍格

破其祿馬破其庫，破了吉神無救助。

亡殺相殘破宅同，作丐人間無限數。

墓庫為衝祿馬殘，更衝命宅一般般。

如無吉曜居強位，活計聊生似范丹。

同鬼剋我，謂之傷殘。吉神被破而無救助，破宅命及破神殺乎。且如戊午癸亥癸巳甲寅甲寅胎，二甲寅一癸巳皆平水歸依於癸亥，而剋戊午之火，破了祿宅，破了命宅，謂之溝壑亡神、翳桑劫殺，三次投軍，後作丐，餓死於江州。

制刑為福格

刑殺落空兼有制，刑不入身為福慧。

同宮相制主得援，得援附主為祥瑞。

如甲子甲戌甲寅丁卯甲戌胎者，鬼落於空，吞餤落空，寡宿落空，甲寅戰退丁卯之火，不敢傷甲子之金，謂之主得援，反得福也。

制刑得援要空亡，不剋身兮福祿昌。

金玉滿堂人富貴，少年月裏姓名香。

如庚寅癸未壬戌乙巳甲戌胎，甲戌壬戌同宮，水火相爭，又喜甲戌歸於乙巳，故不絕刑於癸未，壬戌勢孤，刑而不入，故為福也。

惹刑為禍格

戰鬥刑衝為大敵，敵得勝時方不吉。
投身如入鬼賊中，横死家亡刑憲及。

如辛酉年辛丑月癸酉日壬子時，癸酉辛酉同宮戰剋鬥，本身就家降入鬼鄉，為鬼所制而不能敵，謂之惹刑為禍，所以被人殺了。

惹刑為禍最非良，停力同宮盡鬥傷。
身若就家降鬼賊，難逃家破更身亡。

力停者，一位不能刑，一位刑二位三位。如丁丑遇己丑同宮力停，見戊戌為不刑，如二位三位刑一位乃為真刑也。又如辛酉辛丑己丑乙丑，得己丑之火以救其禍，尤且庶幾。

六合為福格

十般六合少人知，自古神仙不泄機。
祿馬貴人旬內合，合中添福福無涯。

十般六合已載前集。如甲寅辛未癸未戊午，此為小六合，合起未為陰貴人，遇項安撫夫人，喜其語話，憐其忠直，與之官而得其富，此六合貴人之福也。

六合為祥一例推，合中增損為咸池。
功名擬向為霖用，不謂雲行雨不施。

且如真西山，戊戌壬戌壬申癸卯，癸卯之金不能勝而木反能勝，合中添福，不合是咸池來合，又且剋身，咸池主聰明而性巧。咸池又為賤星而減福，又歸壬申而傷木，況無土乎，謂之合中減福，過府不能長久，故人挽之曰：「雲西山雨未成者」是也。

六合為禍格

合來神殺便為凶，神殺如何一樣同。
各殺各宮專禍福，鬼神催使應天工。

如己亥年丙寅月甲寅日辛未時，甲與己合，寅與亥合，合起官符，合起吞啖，合起孤辰，庚寅枉死於獄，平日喜訟之過也。

六合為凶不可當，官符亡劫一般詳。

迷花戀酒兼寵養，好訟終遭桎梏亡。

又如庚辰丙戌乙酉丁亥，合咸池，合羊刃，平日不好文而好武，好寵養，好歌舞，好酒，方三十一歲坐獄而死，是合中添殺也。落空亡則又不為禍也。

生旺為福格

生旺旺中生福慧，旺裏反宜鬼相制。

得制方為福壽人，一重方可為祥瑞。

如京判府，命甲寅癸酉壬戌庚子，其人為太平宰相，可謂腹中藏貴氣、胎裏官人。仍只喜一重生旺，得鬼制方是也。

生旺為祥在日時，鬼來制禦卻便宜。

桃花直透三層浪，桂子高攀第一枝。

如乙酉乙酉壬辰庚子，庚子乃水土自旺，又帶鬼剋身，謂之相制，早年登甲，此皆生旺之中為福也。

生旺為禍格

五行生旺不宜多，三兩重重禍必過。
旺裏若還無制禦，傳勞病瘠面閻羅。
長生帝旺見重重，變福為災反不中。
得鬼制他還減福，縱饒榮貴也遭凶。

如丁亥年辛亥月己亥日甲子時，同宮戰爭，非惟貧賤，亦且有勞瘵之疾，方至二十五歲而減病，二十六歲而死也。又如己未辛亥甲午辛未，是少年迪功郎，出身未改而死於官。

死絕為福格

死中得母絕逢生，富貴榮華別樣新。
廉簡直溫無躁暴，朱衣元是隴頭人。
人言死絕最為凶，起死還魂福反崇。
深略沉機人謹重，壽富康寧足榮豐。

如金人見戊寅為絕處逢生，見庚子為死中得母，見庚午為敗中有救，餘倣此，亦主發福享壽之命。

死絕為禍格

死絕難堪鬼更傷，鬼居强位豈能當。

若還祿宅皆衝破，破業亡家死異鄉。

如己亥年庚午月庚午日壬午時，非惟木死於午，又且祿死於午，賣盡田園而死於他鄉是也。

死絕重重鬼更逢，祿宮命宅併刑衝。

若還四正無星吉，定主伶仃別祖宗。

如戊午年壬戌月癸亥日癸亥時，非惟火絕於亥，而且破命宅也，定主別離祖宗也，大概是如此。

新刊蜀本命書要訣應天歌卷之二終

藝文書

清華理璽諤臣諤彩臺一○

新刊蜀本命書要訣應天歌卷之三　後集

九江道人郭程去非　撰註
東海舟山莊　圓　校訂
東海寧波李鏘濤　校閱

論女命

眉拖翠柳臉如花，祿馬長生貴氣賒。

紫木太陽臨四正，益夫蔭子會持家。

女命祿馬會於長生，或帶墓庫，或帶一重貴人，又有紫木、太陽守四正宮，主臉紅眉翠、肉膩香肌，乃益夫陰子之命也。

長生祿馬貴人時，子貴夫榮貌必奇。

秋水為神玉為骨，芙蓉如面柳如眉。

夫榮子貴，一重天乙以長生。德正容奇，再逢天祿而地焉。

眉如新月氣神清，鳳閣龍宮福更榮。

紫木同來身必貴，腹垂肩厚性聰明。

四正宮中會紫羅，太陽金水喜同過。

雪膚花貌人無比，霞帔金冠福更多。

女命四正宮有紫木、太陽、金水星，或紫羅坐此宮者，主額堂深而腹垂肩厚，眉如新月，氣神必清，雪膚花貌，非惟積玉堆金，抑且有金冠霞帔之貴。

福氣若深多美麗，紫木羅陽身必貴。

定有楊妃美貌名，貞潔華堂增福祉。

一重亡劫更逢羊，天乙逢生祿馬鄉。

絕色過人貞且潔，榮夫益子熾而昌。

有權星，有祿馬長生，或一重羊刃、一重亡劫、一重貴人，皆主有楊妃美貌之名。如四正宮有紫、木、羅、太陽、太陰、金水者，主夫榮子貴，金花封贈之命。

驛馬臨官無禮刑，伴人煩惱費精神。

差排點檢多閑管，不信心兮不信人。
祿馬多逢子卯時，臨官帝旺更咸池。
持家愛為他人慮，喫飯何曾信甑炊。
祿馬太多，又有子卯無禮刑，及臨官、帝旺、咸池多者，皆主自家煩惱小伴、別人煩惱多多，差排多點檢，不信人喫飯不信甑是也。

切忌五行神殺重，隔宿孤辰皆莫用。
桃李無言三月春，翡翠衾單誰與共。
亡劫孤刑寡隔雙，平頭華盖盡刑傷。
寶香熏被成孤宿，忍對珠簾月半牀。
亡神、劫殺、隔角、隔宿、孤辰、寡宿、雙辰、平頭、華盖、三刑，皆主剋子刑夫，嫁如未嫁，所謂「珠簾半林月，青竹滿窓風；何事今宵景，無人鮮與同」是也。

五行恬淡福星臨，重厚溫和必至誠。

天使嘍羅無半兩，卻教頑福重千斤。

三命雖平吉曜符，為人謹厚似惷愚。

桃羅織錦渾無用，積玉堆金卻有餘。

不帶祿馬、臨官、帝旺、咸池，或有墓庫、亡劫，五行無氣，卻有紫木、太陽守於四正，主人心性不巧，卻有千斤頑福，桃羅織錦不足，而積玉堆金有餘也。

羊刃亡劫休合動，合動高唐雲雨夢。

合貴合馬合咸池，道是其人假尊重。

羊刃咸池馬更真，貴人合動眾凶神。

若無暮雨朝雲意，也是吞花臥酒人。

凡女命不可合亡殺、合咸池、合貴人、合馬，必主外面貌尊重而內懷酒色。如庚申己丑丁亥壬寅是也。

日雙合月忝朱門，時日那堪合殺神。

伯叔緦麻防內亂，不和因此致爭論。
生月那堪合上宮，更兼時合眾凶同。
外貌尊重非真實，內亂隄防不善終。
如乙亥年甲申月己巳日乙亥時，頭夫因此女而淩遲處死，與叔私通而訟，生子而又離，三嫁，其夫白日殺其乳母，而鄰房訟而破家。

凡人命裏帶咸池，自是天然惹是非。
男子逢之多慷慨，女人夾叔討便宜。
命值咸池洗日星，為人性巧更多能。
男人得此多相識，女人逢之犯眾憎。
男人帶咸池，必須慷慨，其心亦愛小便宜。如女人逢之，必不能合眾，愛便宜，好小惠，性巧無定見也。

上宮切忌帶廉貞咸池，已不淫兮妻便淫。
設使夫妻皆正大，官事因妻及女人。

天上咸池性主淫，號為女子是非星。

上宮帶此妻遭禍，否則因妻到訟庭。

日上咸池皆主酒色，自己不淫，妻亦主淫。設若夫妻皆正大，亦主因妻妾或因妻黨，有一場二場女人官事，緣咸池乃女子是非之星也。

女子咸池日上加，聰明守義不奸邪。

卻愁夫婿多顛倒，賭博呼遊也破家。

女命咸池在上宮，才高柳絮詠因風。

只愁轉作良人害，嗜酒貪淫致訟庭。

如甲戌年乙亥月乙卯日丁亥時，有丁亥之旺土制了乙卯之敗水，卻生於大族而自己不淫，乙卯受剋，不降禍於身而降禍於其夫，自己雖正大而有謝女詠雪之才，其夫不免因呼遊飲而致訟也。

咸池剋我最乖戾，剋我我生皆不利。

毗和也是賤星名，好色貪財難至貴。

女子上宮夫技能，男兒妻妾相連累。
我剋他時方可輕，技藝門中為福慧。
毗和剋我兼生旺，好色貪財同一樣。
男子逢之必防妻，女人帶此夫淫蕩。

咸池為賤星，剋我、我生皆不吉。癸酉年己未月丙午日庚寅時，自己亦淫，其妻亦淫，又屬馬，所以夫妻皆如是。又如甲戌生癸卯日，其夫多學。

咸池盡道主邪淫，未識其中有淺深。
有制剋他翻作福，惺惺不得眾人情。
華盖咸池皆美貌，臉紅眉翠更身輕。
不頂冠梳堂不下，不移羅綺不陪親。

咸池我剋於他，或日時互換相制，則不為凶，亦主惺惺太多，主人愛財，不得眾情，仍主為人美貌，有制者吉，不頂冠梳不下堂，不着好衣不見客也。

月孛當頭守命宮，孤剋重重疾病攻。
設產豪家并大族，也應遭號到桑中。
太乙星臨天命宮，淫荒孤寡亦難容。
身如蓬島煙霞客，夢繞巫山十二峰。

孛星是非之主，多主孤剋，多主淫邪。設生豪族，亦有遭號桑中之約，尤忌桃花在馬，土女人益忌。

孛星一七占桃花，唇背傀衰為齒牙。
怒氣滿胸難合眾，口甜心苦是奸邪。
孛與桃花四正臨，那然驛馬更同音。
巧言令色難和眾，小智為人愛用心。

孛星在一宮及七妻宮，或在四正，臨於桃花殺上及馬上，主人巧言令色、口甜心苦、傀衰、愛罵人、使小智、不尊重，翹本不得眾情，怒氣滿胸也。

羊刃倒戈兼六害，疾厄凶星命宮會。
四正計孛并火羅，項邊怕有文章袋。
女人帶羊刃、飛刃，及疾厄宮、四正宮火羅計孛四星，三命上或如水人見亥子之類，皆主項有瘤疾。

火羅計孛四強宮，雙刃那堪疾厄逢。
詭怪為人形醜陋，不然偏僻疾來攻。
如癸丑乙丑癸巳辛酉，又如己丑庚午丙申己丑，孛星在於疾厄宮，火羅計孛在四正宮，主為人詭怪譎詐，有偏僻之疾也。

夫妻何事久爻訛，日上臨官旺太過。
更加陰錯陽差到，不剋頭夫定不和。
同音同類別剛柔，本旺身衰氣不侔。
不合欲離離又合，合後依然不到頭。
凡男女命有真臨官、帝旺者，男刑妻，女刑夫。若還不剋，必主不和，合而離，離而復合，合後又不到頭。

命宮命主入田來，田宅宮星七位排。

二主不宜相對換，其人無禮定登臺。

命宮主入田宅，田宅主入命宮，或入妻宮，妻宮主入於田宅，必主無禮，無大無小，必有登臺之辱也。

一四七宮星對換，把為無禮淫星斷。

若逢吉曜與諧和，免得人倫無內亂。

一宮宮主與七宮宮主不宜對換，謂之無禮之星，要逢剛正之星諧和則免內亂之辱。

天偶星居兄弟方，金星或落第三當。

其妻必定通兄弟，更看咸池仔細詳。

天偶星者，妻宮之主也，若在兄弟宮，更有金星同在，主其妻與兄弟通姦，大忌帶咸池為禍尤甚。

金星第九孛星同，紫氣皆來入此中。
妻必風流多美態，私於僧道有奸通。

金孛與紫氣在於九宮，孛星亦同到，必主其妻風流美態，私通僧道也。此類項皆不可直言。

鴛鴦合處是桃花，雖見貴人人門誇。
亡劫兩頭仍帶馬，必為娼妓撥琵琶。
輕薄桃花逐水流，鴛鴦兩兩共浮遊。
貴人驛馬同來到，羅綺叢中度百秋。

得此文者不可輕易，如帶馬及貴人、咸池，又有鴛鴦合，安得不為娼妓也哉。

寅申巳亥馬相催，帶水咸池亡劫來。

水孛二星如入命，未曾出嫁產嬰孩。
長生殺聚衆凶邪，天命宮中水孛加。
湊洧詢詩思芍藥，城南嬌媚映桃花。
遇此命不可明言其人，但可聊以形容其美足矣。

貴人祿馬一般載，日上那堪合起來。
必得丈人家氣力，得妻內助得妻財。
日上有祿馬及天乙貴人，或遇食神或六合，必主有妻財及得外家氣力，必得賢妻內助成家。

食神祿馬貴人同，富貴元因合上宮。
生得賢妻尤孝順，橫財益籍丈人翁。
如甲午年甲戌月己未日丙寅時是也。
羊刃亡神落上宮，剋妻生病最為凶。

進神若也同來到，死別生離疾似風。

日上羊刃，男主刑妻，女主刑夫，仍生疾病，如羊刃同進神及剋於年，必主妻生離死別，三妻之命。

上宮亡劫更刑衝，男女逢他一例凶。

寶月虧圓非一度，朱絃再續必重逢。

如甲子丙寅己巳丁卯時，必主再醮，是三四之命。

陰錯陽差三兩重，五行當主外家窮。

難得妻財難得力，徒有房奩也是空。

日上單單只一重，半真半假丈人翁。

不然丈母應重拜，方免妻家立見凶。

女子逢之不可當，公姑寡合致參商。

公姑父母非偏侍，不然大小舅狼猫。

女子逢之，必主半真半假公姑，不然公姑寡合，亦主婚後外家冷退，大舅狼猫，小舅狼猫，又不然必與公姑寡合，合不着并並妯娌不足也。

寡合雙辰并隔宿，時日逢之刑骨肉。
若非假子及招郎，三性兩性同居屋。
若有肝腸氣不和，一啣一硬難拘束。
嫡親骨肉不諧和，猶忌女男遭恥辱。

凡男女命雙辰殺、隔宿、寡宿、孤辰、隔角重疊在日時，只宜少年時便得三兩姓同居方好，若到四十後中年來親男親女，皆主不諧和。又主男則起官司呼遊作過，女則淫奔而辱父母，不能為父母福反為之禍。如丁未年戊申月戊申日丙辰時，其男為盜，其女淫奔，設皆無女則吉。

貴人祿馬定分毫，時上逢之產鳳毛。
卓犖英豪皆異眾，惟好惟美福堅牢。

時為男女，如逢天乙貴人及祿馬，必主子多而卓犖異眾，成家立計，立身行道，以顯父母，惟好惟美。

貴人祿馬在生時，定主多男有白眉。

一舉首登龍虎榜，十年身到鳳凰池。

時逢天乙、祿馬，定主多男，其中必有白眉之號。如子息宮更有貴星，定主少年登弟，早步鳳池也。所謂詩禮初傳聞膝下，姓名敢意達君前。如此其驗也。

羊刃劫亡臨帝座，男女宮中難免禍。

若非庶子及螟蛉，必定重重刑剋破。

時逢羊刃及亡神、劫殺，必主重重剋破，若庶出之子、螟蛉之子則吉，不然其中必有悖逆之子，不仁不孝，不聽父母訓誨之人，反辱於父母也。

時攢眾殺大為殃，兒女宮中定見傷。

縱有鳳毛無剋破，也還拗性主參商。

亡神、孤劫、隔角、眾殺攢於帝座，必主孤剋。如有親子不逢剋破，也須拗性，不循家法，不然父子參商。

孤寡亡華秪一人，不多方可保其身。

太陽同水兒男位，二子飛騰邁等倫。

時上逢孤辰、寡宿、亡劫、華盖，皆主子少，一人而已。如太陽、水星同到男女宮，必主有二子之分，出眾讀書，當邁於等倫之命。

亡劫華盖本孤惸，日水同臨二子生。

天上麒麟分二種，人間鸑鷟產真英。

亡神、劫殺、孤辰、隔宿、華盖臨於帝座，主有一子。如太陽、水星在男女宮，必有二子之分，然且剋岐剋嶷，骨相非凡，出眾迢羣，顯揚父母也。

日生卻怕太陰侵，夜生猶忌太陽照。

兩星若到男女宮，此人到老無兒叫。

夜生，太陽到男女宮；日生，太陰到男女宮。如三命又孤者，主到老無子，如火羅、計孛、紫星坐命亦然。

太陽宜日夜宜陰，第五宮嫌反照臨。

若有乾生仍剋破，不然庶出也如金。

太陽宜日生，太陰宜夜生。第五男女宮中，切忌反此二星，必主無子，縱有乾生，也須剋破。

孛星羅計五宮安，三子成人必易看。

或有乾生來湊足，增光宗祖少饑寒。

首尾二星及孛星，在男女宮，更須三命不孤，必主有三子之分，然此三星亦為孤星。三命稍孤，當便有乾生之子，亦當有三子之分。例如此。

孛羅計主子三人，半是乾生半是親。

第五宮中如會福，名齊三鳳異常倫。

男女宮值此三星，更會見五福星，雖主半真半假之子，然亦名齊三鳳，異常倫也，所謂龍門客又新。

羅睺神首最乖張，父母多刑或過房。

日月命宮皆剋害，偏生庶出始相當。

羅睺、計都、太陽、太陰，在命及妻宮，多是過房重拜父母庶出之類。如在田宅、官祿，則主剋害於早年，此理必然也。

太陽為父母為陰，一七宮防共照臨。

孛蝕興災刑父母，乾生方免禍來侵。

太陽，父之象；太陰，配母之象。二曜會羅計，則孛蝕忌在一命宮、七妻宮，刑剋父母，若是乾生庶出則免災也。

新刊蜀本命書要訣應天歌卷之三終

新刊蜀本命書要訣應天歌卷之四　後集

九江道人郭程去非　撰註
東海舟山莊　圓　校訂
東海寧波李鏘濤　校閱

論大耗

人言大耗果為凶，我剋須教一世窮。
若更五行多駁雜，奔波衣食走西東。
帶鬼元辰帝座居，更逢亡劫出無驢。
家無儋石錐無土，甑有塵埃釜有魚。

元辰、大耗，主人貧賤，切忌帝座見之，反剋生年。如甲辰年見癸亥時，是元辰帶亡神剋身，主人伶仃，上無片瓦，下無立錐之地。珞琭子云：「常（校註：疑為帝）座見於大耗，家計消零。」正謂此也。

耗殺只宜上剋下，我剋他時福無價。
受降翻作吉星辰，橫發資財爭擁迓。

大耗主人貧賤，我去剋他反為福。如乙丑年己卯月庚申日壬午時，此人生於豪家，又且發跡，大旺資財。如乙丑壬午乙丑壬申，如此。

性貪酒色亂交羣，為帶長生前一君。
上剋下傷加倒食，露頭跣足刺花紋。
沐浴殺即長生前一辰，犯此主人亂交羣小，遍歷花材。上剋下傷，必主露頭、跣足，刺花紋，即小人命。

元辰例順一同推，我剋他兮福有餘。
那更五行無駁雜，閑錢剩穀比陶朱。
順元辰，如甲子生人見癸未。倒元辰，如辛未生人見丙子。時不論倒順，只要我去剋他，皆反為福也。

木火孛星猶尚可，水人逢孛最非良。
為人詭計多驕氣，愛使機關用肚腸。

木火命人見孛，猶尚可也。水人見之，則為人使心機關、用肚腸、多鬼怪、多驕氣，別是一般得人憎處。

水人最忌逢天慧，那更咸池臨命位。
機關巧計術如神，奈何不得他人意。

五行之中見孛，惟有水最忌，如三命又帶咸池，主人無大謀略，愛使小智待人，所以不得他人之意。

孛星一七占官符，罥罣官方罪必徒。
千里南行方免禍，依前剋刑又為孤。

孛星在一七宮見官符，必主因人罥罣官司，罪至徒流，可免宿疾，依前剋駁謂之孤。若男女見之單單在命，最為禍不小，有制方吉。

孛居四正遇亡神，憲綱遭刑為外人。
若也專權無殺併，非常福祿重千鈞。

孛星若在四正宮又見亡神，必主枉遭刑憲，若專權無殺星併，又見吉星，反為福也。

戊戌庚辰只兩般，若居城邑定遭官。
凶星四正干聯合，重則徒刑輕則圈。
羅計星逢紫土同，不宜田宅與官宮。
魁剛那更天干合，必定身纏憲網中。

市邑之居利官司之近，或多為衣之吏驗地，易見官司。如癸亥丁巳乙卯庚辰，乙與庚合，又有紫土羅計在田宅、官祿宮，遂為配吏，孛亦凶。

玉質花顏步步嬌，孛星馬上焰雲霄。
花間月下貪歡笑，豈料人知盡扇搖。

孛星在馬上，及在命宮、妻宮，必主為人嘈號扇搖淫欲之事。蓋此星，水之精，火之餘，在人命宮，終主性泆蕩，閨情不守，必招是非。

殺神祿馬兩交互，我剋殺兮福尤固。
祿馬長生帶貴人，白手成家仍且富。

祿馬在於生旺地，或剋入於年，神殺又是我剋於他。五行之中臨官、帝旺多，不帶祿馬，亦白手起家。

生旺臨官剋入年，殺神降我反為權。
更逢祿馬并天乙，富貴榮華降自天。

如甲子年壬申月己巳日丙寅時，壬申是臨官，己巳是劫殺，受降丙寅是祿，雖不合格，亦主小富貴。

五行恬淡渾無氣，墓庫重重兼帶貴。
斷作斯人只守成，平生節儉多慳鄙。
臨官帝旺日時繁，慕外貪高不暫閑。
只為多求惹多慮，忙忙辛苦度塵寰。

多見臨官、帝旺兩三重在日時者，主人貪高慕外，內事大忌，多謀多慮，一生辛苦，凡事以身先之。如辛未年甲午月壬子日庚子時，須發跡，一生勞祿。

陰錯陽差理更微，桃花帝旺莫相隨。

橫起官方因婦女，不因外祖便因妻。

凡桃花殺在帝旺之位，及或陰錯陽差者，皆主有婦女官司，如豪家必因妻黨、奴婢、兒女起官司。如庚午己丑辛卯戊子，三次與女人打官司。

再論運氣前集未得盡，今再具術壬後。

運若相逢返伏吟，錢財耗散損精神。

死亡骨肉遭官司，兒女夫妻不用心。

子人以子為伏吟，午為返吟。凡命運見返伏二吟者，必家下多事。如此甚者，必主殞命。如壺中子云：「併在返吟之內，彩輿三尺任優游。」

當生亡劫本來凶，二運遭逢更併衝。
四正更無星吉助，浮雲流水兩俱空。
如當生亡神、劫殺、咸池，本來為凶，更二運見之，或衝併其宮，又無吉星救助，輕則喪家，甚者亡命。

孩兒跌撲及驚風，小運行年馬破衝。
若是相衝相壓動，決然跌撲兩三重。
如子人馬在寅，或大運在申，而見申子辰年，或小運在寅而大運在申，又是申子辰年，此小運定主驚風跌撲之災。

馬逢鞭策主奔忙，動則經營出遠方。
三十不豪將四十，切忌足目患風瘡。
凡中年之人，運在寅申巳亥四衝之宮，或衝或併，謂之馬逢鞭策，主人波波碌碌，奔忙日多，平閑日少，動則去遠方卻吉，然亦防眼目、手足瘡毒之災。

歲運相衝馬不行，氣虛腰腳致酸疼。
老人祿馬運翻食，咳嗽胸中氣不升。

凡老人不可行祿馬運，決主翻食及腰腳之疾，氣不升降，仍忌跌撲，不可乘馬過橋也。

水本輕浮不可依，別離子息又離妻。
若還無土全依水，三水三妻斷不移。

如水人不見於土，納音皆水，如壬辰壬戌癸巳癸亥，又有陰錯陽差者，二水二妻，三水三妻，決無疑也。

純木無根終不牢，謾誇枝葉牢天高。
縱饒富貴應無壽，運限逢凶數不逃。

純木之命必要有土，然後方得培養其根本，根本既得其地，然後枝葉繁茂。如無土培，縱饒富貴，壽亦不長。如遇忌星剋運剋身，其數不可逃矣。

水滔滔定渺茫，臨官無土亦離鄉。

只宜帝座逢辰巳，始有歸藏變吉祥。

純水滔滔必要土，然後有隄防，仍要辰巳方有歸宿，蓋為納水之府，否則泛濫。如東坡，丙子辛卯癸亥乙卯，非不文章富貴，生於蜀而貶常、黃、汝、惠、瓊，蓋水泛，所以行天下也。

純土成山岱嶽同，日時庚子最興隆。

精神聚斂為奇遇，應許童年步月宮。

純土謂之積土成山格，如日時見庚子，方可斆斂五行秀氣，許其少年發達。如不，只一衣祿人而已。

純金無火不能陶，死絕空亡是等曹。

帝旺若臨時日上，虛名虛譽困錐刀。

純金無火不能成器，是無作化。帝旺若在日時，只是虛名虛譽，困於錐刀。如人見死絕，只常人命。

純火炎炎壽不長，休囚始可足衣糧。
無水不能相濟遇，太旺須知福是殃。

如四戊午，乃江西草寇；又如四甲戌，乃一庸人。盖純火而無造化，須是旺中有制方吉，前集詳述。

五行命裏若逢全，生旺須知入本年。
聚斂菁華歸一處，須教富貴兩無偏。

五行之中金水木火土若見全者，須要生旺反朝本年，不然聚在生旺，則聚斂精華，主人富貴雙全。

羅紋羊刃最為凶，水羅計孛四強宮。
不赴法場刀下死，膿血瘡痍中大風。

如己未甲戌丙午戊子時，立命在未，計孛在未，運至辛未，己丑年配了，辛卯年被人打死。又如甲戌丙子丙子辛卯，凶星在巳亥，孛水在命，亦中大風。

火羅計孛主為權，武職功名奏九天。
三命若還無吉處，發頭髮背下黃泉。
如己未壬申丁巳壬寅時，立命在未，計孛在未，喜者三命帶殺權，少年及第而出閫邊疆，亦不免此。

切忌孛星來入命，同水兼金居四正。
如非咳嗽氣血癆，必主晚年亡哽病。
如有孛星守命，主哽病而死。如同水守四正，亦主咳嗽、氣血之勞而死，照命亦然。如在四正宮，稍稍輕。疾厄宮、四正宮皆宿疾。如在財帛宮，亦主有疾。

惹刑為禍豈能當，孤弱如何犯眾強。
一位敢侵三四位，反招羣殺轉來傷。
如壬戌丁未癸未乙未時，本戌去刑未，戌勢孤，反惹三未自刑，不免孤剋。又四丁未戊戌胎，例倣此。

試問五行何最吉，庫墓元來為第一。
若還正印得歸來，價直黃金千萬鎰。

凡五行先看入墓庫為第一，若逢正印尤妙。庫乃五行歸藏精神之所，非比有氣血之命，果然死也。

五行墓庫在生時，我剋他時福有餘。
斷作庫中財寶格，自然金穀比陶朱。

如金人見癸丑時，木人辛未時，水人甲辰時，火人庚戌時，土人壬辰時，乃庫中財寶，主如陶朱之富。

不得歸來是若何，元為逢刑是殺他。
墓庫只愁逢殺破，更兼為鬼共同窠。

且如刑者，殺也。如戊戌木不敢墓於未，戌自刑於未，未不敢納未之精神。如己丑不墓於戌，如見壬戌尤為不墓也，五行例皆如此。

逢破逢刑不敢歸，或逢鬼剋反無依。

如斯摠是尋常命，衣祿隨緣度歲時。

墓庫見刑及鬼，五行皆不敢入墓。如此只是尋常衣祿之人，或是大家。如吉星坐命，不在此論。

人言墓庫福鎡基，六甲旬中理可推。

四位空亡空墓庫，日時見此又非宜。

凡墓庫是財賦鎡基，六甲旬中有四位落空，甲子戌空，甲申未空，甲午辰空，甲寅丑空，皆不能發福。

互換朝元祿最奇，為祥要見在年時。

鳴珂佩玉貴無敵，列鼎鳴鍾富可知。

如周益公丞相，丙午丙申己卯己巳是也。祿乃互換朝元，故主為宰相，豈不鳴珂佩玉，列鼎鳴鍾乎？

論倒限心法

太歲趕殺入局

歲君在後殺居中，命限居前當戰鋒。

捍殺成羣來入局，為人必定見閻公。

且如大歲在子立命，或限在寅卯之位，殺在子丑之位，大歲在後押起神殺捍入局中，如更運在亡殺或衝併，主見閻羅王也。

限入關格

倒限當知限入關，入關那更殺重殘。

遊年忌曜來刑命，定主魂飛海上山。

金命人限入戌亥，火命入未申，木命入辰巳，水土命入丑寅，更逢遊年忌星剋生年，定主魂飛海上死也。

凶星送迎

凶星送限本非良，迎者居前又不祥。

二運五行更衝併，邯鄲一夢感黃粱。

且如限欲交未交之際，有火羅、計孛、土星、囚星、忌星一迎一送，或者二運相衝，五行相剋，主死也。

運限入空

運限都來盡落空，囚星忌曜更加逢。

百年塵世榮華事，一枕南柯蟻夢通。

運限切忌俱落空亡，更見囚星、忌星剋生年，定凶也。水土木命人尤甚，金火庶幾。

世上何人離五行，五行能離便長生。

君今欲問長生訣，偃月爐中煉甲庚。

儒道、醫道皆五行之類，皆可通長生之訣，不受五行所拘以致長生。如欲知長生之訣，請看張平叔悟真篇，詳載偃月爐中煉甲庚也。

心上無瑕等太虛，五行方離不來拘。
隨緣應物行方便，縱犯凶星不我虞。

鬼谷子曰：「出五行之外者，存亡在乎我；在五行之內者，存亡從數焉。」今欲出五行之外，但令心上無半點瑕翳，常若太虛之無相，雖犯凶星不能為我虞也。《陰符經》云：「至靜之道，律曆所不能契。」是也。楊子雲先生亦曰：「吉，人凶其吉；凶，人吉其凶。」是也。

剋擇三充得四年，渾儀兩度試司天。
五行顛倒今皆識，騎鶴雲霄訪海蟾。

三充剋擇，兩將渾儀試司天，五行顛倒，今皆識矣。明盡五行，當騎鶴於雲霄，見神仙劉海蟾也。呂公曾子曰：「五行顛倒術，龍從火裏出；五行不順行，虎向水中生。」此之謂也。

北走南陽東走越，半世忙忙今力竭。
長笑一聲歸去來，掛劍巖前弄明月。

予浪跡江湖，北至唐鄧，東至蘇越。今半世矣，明盡五行之玄妙，名利不關於心。此文十年方成，今欲歸守抱一之術，而出五行之外也。

新刊蜀本命書要訣應天歌卷之四終

新刊蜀本命書要訣應天歌卷之五　後集

九江道人郭程去非　撰註
東海舟山莊　圓　校訂
東海寧波李鏘濤　校閱

歌曰
周天三百六十五度數，應天三百六十五篇詩。人度自然合天度，只恐人間未盡知。
五星、十一曜、二十八宿，皆天文也。談星數者，理合識天文。能識天文，方識地理。謂其在天成象，在地成形。十載研精覃思，方得成一家文字。

仁義如何主得財，直須權殺惡星來。
星辰權殺惡中吉，金寶盈門亞鹿臺。
大富貴命須是帶權殺，火羅計孛守四正，必有在其中。殺神各有相制，必主財賦亞於紂王之鹿臺。

五行一善人慈善，慈善應非大福人。
運入返吟并破碎，精神顛倒便家貧。

五行善，五星又善，其為人必善矣，必不能為大富、大貴、大福人之命。如運入返伏吟及破碎、官符、破祿、破宅，必主精神顛倒而家計退散也。

有權有殺少星辰，厚薄須來此處分。
寧有吉星無吉命，經營發跡顯家門。

三命不好，火羅計孛同氣，木守四正者，亦主發跡，經營起家，能享富貴。更三命吉，可作大貴命，必矣。

三命非常吉顯然，臨官祿馬又朝元。
因何富貴皆無驗，只為星辰散滿天。

三命有臨官、帝旺，又有祿馬、長生，如何富貴不見？只為星辰散亂十二宮中，不發聚於命與四正故也。

凶吉無邊說四強，四強尚有短和長。
一宮為一七當二，官祿為三細較量。

凡說四強，第一命宮，第二妻宮，凶吉便輕了。第三官祿，第四田宅，凶吉又輕了。至於七強，又輕了。

火羅計孛須逢木，直兼紫氣方為福。
惡星兼善如為祥，聲滿乾坤榮厚祿。

火羅計孛直是兼氣木，方可作大富貴命，有權須是帶殺，既是帶亡煞及火羅計孛氣木之類。又曰：「孤造物難全，命難得足，泥中得珠，石中得玉方好。」

紫羅計孛木星同，韶濩文章早化龍。
必作解魁并省首，兼資文武立奇功。

凡羅計月孛直同紫氣木星，方可為科首之命。如方逢辰，辛巳年戊戌月庚戌日辛巳時，立命寅上而有氣，孛在命也。

大陽金木水星來，汲古窮今有大才。

薦鶚登龍應有日，此星多秀不為魁。

太陽金木水星，只是貴秀之星，不能為權，不能為魁，必主文章不免功名蹭蹬。

為官須是有文章，若說文章要學堂。

權殺學堂兼有制，姮娥爭看綠衣郎。

如章公鼎，甲戌年丙寅月辛巳日甲午時，權殺為學堂拱在辛巳，而受甲戌之火以制，雖不作狀元，亦少年黃甲及第。

運入臨官帝旺間，少年遇此力如山。

遊年發跡緣衝併，士子飛騰面帝顏。

凡是少年人，須要行長生、帝旺、臨官之運，則主發跡。談采命壬申丙午甲子丁卯，在申酉運中及第。

根基最好星辰聚，緣何薦舉難登第。
大運行逢死絕間，少年遇此為無氣。

凡少年文章之士，須要行有氣之運，一舉及第不為難也。若星好及運在無氣之地，只可請舉而已。

少年不發墓中人，死絕休囚亦是迍。
恍惚幾年如夢寐，退財遭辱滅精神。

凡少年之人不宜行休囚死絕墓庫之運，必主精神恍惚，如醉如夢遭恥辱，滅了精神故也。

墓庫休囚稱老人，運逢矍鑠轉精神。
裸形夾殺無交併，啼鳥山花一樣春。

老人只宜行休囚墓庫及運中不宜夾殺，如夾殺者，墓庫夾破碎、裸形、破宅命、羊刃、飛刃是也。珞琭子云：「裸形夾殺，魄往豐都。」

運行羊刃限雷同，太歲遊年也併衝。
計孛火羅當用事，棄市人愁見血紅。

如丙子年辛卯月戊申日癸亥時，立命在卯，火孛二星在酉照本命，行限在巳，土計在巳，大運甲午，大歲丙午，雖有金木羅睺對照，不能救其棄市矣。

運限般般合吉辰，如何不見福相親。
根基淺薄應難發，發跡依前不過人。

十福星行限運入貴人庫墓、祿馬，緣何福不及人？只為根基淺薄，雖發亦不過人，僅衣食而已。

鬼破殺降星又吉，運限未來先發跡。
四分好處六分凶，好處卻來凶不及。

三命則鬼破殺降，星辰又且十分之吉，如此未得運限當先發跡，四分好處六分不好處，六分凶處卻不來，四分好處先到也。如乙丑年己卯月庚申日壬午時，戌亥子運中不為好，而大發。

筭它鐵定當刑剋，妻子如何無間隔。

只緣運未到返吟，才入返吟須衣白。

命中日時犯亡劫、孤辰、寡宿、羊刃、雙辰、隔宿、臨官、帝旺、華盖、陰錯陽差，當主刑妻剋子。如何不剋？盖緣運未入返吟、伏吟之地，先看其位以定刑剋。

運限不凶兼不戰，根基又好星辰善。

如何年少便身亡，必犯方隅凶吉變。

地曜人間不可輕，修造葬埋皆殺人。

天星卻是生成了，地曜由人莫犯驚。

天星者，天上之星辰也，生時注了。地曜者，地上之神殺也，如將軍、毒火、仇讎、報怨、血刃、廉殺是也。回避在人之所為，亦有不信者。有五行不當死而死，犯殺之故。或有往來出入抵犯凶方，嫁娶修營路登黃黑是也。

談殺談星察用心，用心一險便欺人。
欺人易惹災殃至，縱吉星辰也變屯。

詳其殺多星惡，必是用危險之人，易惹災禍，縱有吉星辰，亦變為凶星也。珞琭子曰：「吉星臨而禍發，以表凶人。」故沈芝所言論心擇術是也。

萎蘙根基福便消，殺星行限數難逃。
歲君擊運運衝併，春雪秋花壽不牢。

五行無氣難為取用，謂之萎蘙。火土是殺星，火同羅、土同計，孛與計星行限命，若春雪秋花不長久。

火土元來號殺星，羅睺計孛反添嗔。
同宮行限人當殞，只見桃花不見人。

如女命，癸酉年癸亥月乙卯日甲申時，一金生三水為之竊氣，十月見寅申為短命關，又行寅卯運，孛星在子送限，火星在丑迎限，故三十五歲而死。

陰功延壽吉無誆，吉人依舊無災瘴。

智者能調五臟和，下理愚夫多夭喪。

珞琭子曰：「陰功可延其壽，殘害必夭其年。」凡是人能行方便，則山川之鬼神不姤人。人之福智者，節其五味，調其六氣，終不如下理愚夫之夭喪也。

自刃都來十二般，日時重疊主凶殘。

若無宿疾投刑憲，限若逢凶便是關。

戊午、己未、壬子、癸丑、丙午、丁未，此六位自帶羊刃也，又壬午、癸未、丙子、丁丑、戊子、己丑，此六位自帶飛刃也，更加限上凶星主事，必主喪亡。限上宮宮好星，亦主宿疾。

日時自刃帶將來，飛刃兩般俱作災。
暗曜四強同水火，少年惡死作為灰。

日時自帶羊刃，自帶飛刃，日時重見者必凶。況火與羅，計與土，水與計，計與孛，行限見之必死。然暗曜者，羅計紫氣孛星皆暗行於天，謂之暗曜。此四星若見於天，則國大災，血流漂杵，況於人乎？

羊刃排來第一宮，孛星莫願更相逢。
呼遊賭博人凶狠，不有官刑不善終。

立命在羊刃上，又有孛星同官，必有呼遊賭博，破蕩凶狠，不有宿疾，必有官刑及身，不能善終也。

日時羊刃眾皆嫌，逢破逢降反作權。
不貴即當家大富，權星只此露真玄。

如冷撫屬，丁酉丁未丁丑甲辰時，乃是破羊刃、破飛刃、破鬼也，一身大富，其子登第。又如戊辰丁巳庚午丙子，是羊刃受降，亦發。凡羊刃，曰權星是也。

談煞無非亡劫殺，不喜剋身兼破宅。

剋身滅福壽無長，破宅離居多窘迫。

如辛丑見甲申，癸酉見丙寅，戊人見巳，子人見巳，皆為破宅也。雖殺神降我神，主晚年窘迫離居。

權殺重重不受降，惡星無善亦為殃。

有殺不降兼不破，終無結果少年亡。

羊刃、亡神、劫殺重重，不衝、不破、不降，反為殃禍。況凶惡星無紫木為勸善，必主無成，少年夭亡。

驛馬天然異眾流，生來衣食不須愁。

眉單眼淺精神俊，性巧心靈體貌修。

女愛梳妝勤紡織，男宜輕紀走軍州。

日時若也重重見，辛苦衣糧日日求。

凡帶馬者，主人唇紅齒白，單眉細眼。不宜太多，日時重見，男多貧賤，女必重嫁。凡是小兒，必主伶俐。

咸池一位福堅牢，機巧聰明算計高。
節儉起家家計盛，小人脫卸也須遭。

凡人一位咸池，主人機巧聰明。男會文章，女能針線，算計機巧節儉。重重見之必能耽酒好色，用心用力，不能恬淡享福也。

太陽紫木命宮盼，淨潔慈悲心性閑。
壽限百年人仔細，蟠桃花發照朱顏。

凡女命紫木太陽守命，主人仔細，淨潔慈善，恬淡好靜，好心術壯大惜物，壽限百年可以盡。

紫木羅陽四位排，貴人兼印殺衝開。

夫榮子貴人端厚，紫誥金花天上來。

凡女命四正宮有氣木、太陽、羅睺星者，更三命上貴人臨墓庫，卻有亡劫自衝開者，必主紫泥封誥，金花冠帔，自天而來封贈也。

祿馬咸池夾貴來，太陽紫木併三台。

聰明性巧人和順，卷耳情懷柳絮才。

凡女命見祿馬、咸池夾天乙貴人，四正宮太陽氣木星并金水太陰星即三台也，主人聰明和平而有文章也。

牡丹自古號花王，占斷風流豔一方。

堪笑好花難結子，年年虛度過時光。

女命火羅、計孛、紫氣同守四正宮者，必主無子，如牡丹花不結子，只宜珠生別海、玉出他山為美。

海棠顏色賽西施，道是花殘花滿枝。

當有千般無一件，衾寒枕冷聽鷄啼。

火羅計孛守四正，或命賤，或馬多者，或犯雙辰、隔宿、孤辰、寡宿、三刑、六害多者，必是大家之寵妾也。

根基恬淡渾無吉，四正宮中星又失。

何緣平日享榮華，必是陰陽風水力。

雖因風水使其然，命薄無星壽不堅。

壽夭如同貧與賤，五福之中壽占先。

五行恬淡如水，不可取用，况四正又無吉星，卻享福者，必是陰陽風水使之然，亦不免壽數短夭。凡命夭即與貧賤同也，五福之中一曰壽是也。

命宮計孛若當頭，羊刃懸針各鬥矛。

鬼殺聚來無壽氣，必為經紀宰豬牛。

計孛守命，或多懸針，或聚殺，或帶鬼，必為屠宰。如庚寅庚辰丁未庚戌時，二金剋木為鬼，庚戌又華盖，計孛守命，一生屠宰。凡計孛二星見殺而喜也。

根基善孬惡星來，計孛當頭作禍胎。
必是偏房并寄養，刑妻剋子致凶災。

根基孬善，計孛守命及妻宮，必偏生庶出，過房寄養，刑妻剋子，又不免有宿疾壓身，為凶不能為吉。

計孛當頭壽不長，命逢慓悍性尤剛。
若非宿疾為僧道，男女須教帶血亡。

五行孬善，主人性惡，喜殺生害命。若非僧道必主刑剋，仍主宿疾，不然男帶血死，女爛腹懷肚而死。

計孛同宮喜到乾，根基雄壯福滔天。
直須斬斫為藩帥，萬免危亡在少年。

計孛喜在亥。如乙丑年丙戌月辛未日丙申時，立命在亥，計孛在乾，僅五十有餘而發背身死，亦是偏生及無兄弟。又如李侍郎，己未年壬申月丁巳日壬寅時，三命最吉，立命在未，計孛守命，為邊大帥，斬斫自由而後建節。

凶吉都來殺上分，小人君子兩般論。
欲知此理通玄妙，大宋神仙郭璞孫。

諸般記殺若吉則為吉星，殺變為權，是小人化為君子矣。亡殺如凶則為凶禍，類君子化為小人矣。

天宮十一曜星宮，地上都來只五行。
四海五湖誰漏網，昆蟲草木豈能瞞。

天宮星辰則有十一曜星辰，地上則有五行。在天成象，在地成形，惷動含靈，生生化化，皆屬其生成也，況於人也。

天星為主主其神，五行為主主其身。

神氣若和身不賤，神和體具福相親。

精神魂魄，天星主之；身體髮膚，乃地、水、火、風假合而成，乃地上五行主之。精神輕清象天，身體重濁象地。天星既吉，精神必和，五行無戰，身體必貴，只於十一曜之上，五行之中，兩處辨其真假，豈易言哉！

火在殺宮土對望，自縊投河當夭喪。

眾刃合刃總皆然，忌星剋我言尤當。

大抵論星，七為七煞宮，八為八殺宮，當生火星在殺宮，土星對望，限至於此，決主人自縊身死，直待二星對望，缺一星則決不然也。

火星殺宮土八位，不宜同見羅并計。

假饒貳命主徒流，橫死刀鎗血污地。

火在殺宮月相對，必因鬥打中遭害。

水對之時落水亡，金主色亡溺偏愛。
火在殺宮月合照，其人酒色中當夭。
日月相衝更減光，虎蛟蛇傷非易料。
火土二星居七殺，孛計不堪同日月。
弓絃樂酒及菰傷，帶血拖膿難命絕。
偏嫌日月火星辰，同守命宮當自刑。
七到殺宮獅子位，跌撲人亡禍患興。
七殺元來是七宮，應知八殺疾宮中。
二宮如有殺星聚，顛病如無有暗風。
凡命七妻妾宮、八疾厄宮，并二財帛宮，此三宮如有惡星戰剋，主顛病并暗風也。

鉦銷銅鐵打金銀，金火同爐陷主星。
孤弱根基金獨照，不持刀斧便持針。
凡人命宮并四正宮，有金星與火星同宮，命宮宮主主星又陷在五弱宮，五行根基無氣，更有金星獨照命宮，主人打金銀銅鐵、木匠、針工之命。

水星紫氣兩同臨，綾絹紗羅染練真。

紫氣不來三命弱，使船賣酒打魚人。

水星與紫氣同臨四正宮，必主為人會作染或作頭巾匠人。如只見水星在四正宮，紫氣不來三命，又孤弱無氣，必定稍人、水手、打豆腐、貨酒、打魚人、瓦匠、磚士，是拖泥漉水之人也。

財星陷了主星強，金入財宮獨豔陽。

長把針刀長快活，相人形體作衣裳。

財星者，金命人木星是也。如財星陷在弱宮，主星居四強宮得地，主為人持針、把刀相體。

紫氣清閑藝術人，鬼華兼帶技尤精。

能文能武多謀略，空裏榮華事事新。

紫氣一星乃清閑巧秀之星也，人命見之，必主多能多藝、半武半文、空裏討錢、閑中富貴。若為僧道則清高道德，若為藝術則精妙無雙也。

應天說盡盡由天，盡是玄機向上玄。

若得應天天必相，解教陸地作神仙。

新刊蜀本命書要訣應天歌卷之五終

附錄　應天歌命例彙編

前集　新刊太史秘傳三命統宗應天歌六卷計四十八人

卷一

庚子年土壬午月木辛巳日金辛卯時木，陳韓參政，殺中包殺格。

甲申年水丙寅月火辛巳日金己亥時木，李太亨侍郎，生處聚生格。

癸亥年水戊午月火丙子日水己亥時木己酉胎土，賓主英靈格。

庚寅年木丁亥月土壬申日金乙巳時火戊寅胎土，五湖雲擾格。

甲午年金丁卯月火壬子日木己酉時土戊午胎火，偏野桃花格。

甲申年水丙寅月火乙卯日水辛巳時金，史彌遠丞相，自生帶貴格。

壬申年金丁未月水庚辰日金辛巳時金，陳晟通判，變殺為權格。

壬寅年金壬寅月金庚辰日金辛巳時金，楊振侍郎，四柱聚生格。

己未年火丙寅月火甲辰日火丙寅時火，王伿英侍郎，聚生帝座格。

丙申年火己亥月木辛未日土己亥時木，鄭頊之丞相，羅紋貴人格。

案：鄭頊之即鄭清之。

甲子年金丙寅月火甲子日金丙寅時火，張孝祥狀元，祿馬同鄉格。
壬午年木辛亥月金乙巳日火辛巳時金壬寅胎金，破宅貧夭格。
辛丑年土甲午月金丁亥日土壬寅時金乙酉胎水，貴殺同生格。
丁亥年土辛亥月金己亥日木甲子時金壬寅胎金，生旺重見格。
癸酉年金辛酉月木壬寅日金壬寅時金壬子胎木，殺神剋身格。
戊申年土庚申月木壬子日木庚子時土辛亥胎金，不生不旺格。
丙寅年火癸巳月水癸亥日水癸亥時水甲申胎水，不降不伏格。
己丑年火己巳月木戊申日土癸亥時水，楊和王存忌，聚殺反吉格。

案：楊和王名存中。

丁亥年土辛亥月金庚申日木壬午時木壬寅胎金，聚殺剋身格。
庚戌年金乙酉月水乙酉日水乙酉時水，趙蔡丞相，殺居身後格。
乙卯年水甲申月水癸丑日木壬子時木，張改參政，貴人交互格。

卷二

丙申年己亥月辛未日己亥時，鄭丞相　。

丙寅年丙申月壬午日戊申時，攢凶貼體格。

丙戌壬辰戊午壬子，合剋倒戈格。

丙寅年甲午月己亥日庚午時，王侍郎愛小娘，早年產死。

癸未辛酉癸未辛酉，胎得壬子，五行皆木，純粹則吉。

甲戌年丁卯月癸卯日丁巳時，一生無子，謂之分散。

丙寅年壬辰月丙子日甲午時，謂之聚凶。

丁未年丁未月丁未日丁未時，平生不著衣冠，異日殺逢刀刃。

卷三

戊午年癸亥月癸巳日丁巳時，衝破為福。

戊午癸亥癸巳甲寅甲寅，孤虛活計、冷淡家風。

甲子甲戌甲寅丁卯甲戌，家富身榮。

辛酉辛丑癸酉壬子，惹刑，家破人亡。

甲寅辛未癸未戊午，小六合。

己亥年丙寅月甲寅日辛未時，壯歲亡於犴獄之間。

甲寅年癸酉月壬戌日庚子時，京府判。

丁亥辛亥己亥甲子，非惟貧賤，亦且少亡。

己亥年庚午月庚午日壬午時，貧病。

卷四

丙申年火己亥月木辛未日土己亥時木，鄭清之丞相，鼎鼐同旬格。

甲子年丙子月丁卯日乙巳時，破宅剋身，皆主病貧不聊生。

甲申年丙子月己巳日戊辰時，風流人物、淫泆之命。

卷五

乙亥年甲申月己巳日乙亥時，與叔通姦而訟。

卷六

辛巳年戊戌月庚戌日辛巳時，方夢魁狀元，天下大魁。

甲戌年丙寅月辛巳日甲午時，章公鼎，同年三舉，少年登科。

壬申年丙午月甲子日丁卯時，淡采，申酉運中及第。

乙丑己卯庚申壬午，戌亥子運大發。

癸酉癸亥乙卯甲申，女命，寅運少年而夭。

丁酉丁未丁丑甲辰，破羊刃、飛刃，破鬼也，主一生發跡。

後集　新刊蜀本命書要訣應天歌五卷計六十七人

卷一

戊申年壬戌月癸巳日癸亥時　江西劉其姓者，一生大富。

辛巳年庚子月庚申日庚辰時，降中有救。

癸亥年庚申月丙戌日庚寅時，一屠兒。

己丑年壬申月甲辰日丙寅時，畫工藻火人。

甲子年乙亥月己亥日己巳時，被人殺了。

甲子乙亥己巳辛未，為富為貴。

乙丑年壬午月甲申日己巳時，一配吏。

己巳己巳庚申庚辰時庚申胎，一配吏。

丙子辛丑庚戌丁亥，方五十五歲而殺人。

甲申年丙子月己巳日戊辰時，湖北江西過了，先娼後寵。

丁巳年壬寅月戊辰日甲寅時，初年起于小人，中年驟發，至四十七八而死。

癸酉年甲寅月丙寅日庚寅時，不免配而死於軍中。

卷二

己巳癸酉庚寅辛巳，趙梓判府，戰鬥為福格。

壬午年己酉月己巳日壬申時，任道士，二十八歲溺水而葬於雨腹之中。

丙子庚子丙戌己亥，二十三歲亦溺水而死。

乙巳年甲申月乙酉日己卯時，謂之鬼嘯。

甲子丙寅甲申辛未，為人心寬體胖之君子、孫榮子貴之福人。

辛未辛卯辛卯己亥時，乃僅衣食而已，亦且不過四十五歲而死亡。

戊午年癸亥月癸巳日丁巳時，一生富足才學。

乙亥乙酉癸巳癸亥時，一生富貴有禮得祿名。

戊午癸亥癸巳甲寅甲寅胎，三次投軍，後作丐，餓死江州。

甲子甲戌甲寅丁卯甲戌胎，主得援，反得福。

庚寅癸未壬戌乙巳甲戌胎，刑而不入，故為福也。

辛酉年辛丑月癸酉日壬子時，惹刑為禍，所以被人殺了。

辛酉辛丑己丑乙丑

戊戌壬戌壬申癸卯，真西山，合中減福，過府不能長久。

己亥年丙寅月甲寅日辛未時，庚寅枉死於獄，平日喜訟之過。

庚辰丙戌乙酉丁亥，平日不好文而好武，好寵養，好歌舞，好酒，方三十一歲坐獄而死。

甲寅癸酉壬戌庚子，京判府，太平宰相。

乙酉乙酉庚子庚子，早年登甲。

丁亥年辛亥月己亥日甲子時，非惟貧賤，亦且有勞祭之疾，方至二十五歲而減病，二十六歲而死。

己未辛亥甲午辛未，少年迪功郎，出身未改而死於官。

己亥年庚午月庚午日壬午時，賣盡田園而死於他鄉。

戊午年壬戌月癸亥日癸亥時，別離祖宗。

卷三

乙亥年甲申月己巳日乙亥時，頭夫因此女而淩遲處死，與叔私通而訟，生子而又離，三嫁，其夫白日殺其乳母而嬏房訟而破家。

甲戌年乙亥月乙卯日丁亥時，生於大族而自己不淫，自己雖正大而有謝女詠雪之才，其夫不免因呼遊飲而致訟也。

癸酉年己未月丙午日庚寅時，自己亦淫，其妻亦淫，又屬馬，所以夫妻皆如是。

癸丑乙丑癸巳辛酉

己丑庚午丙申己丑，主為人詭在橘詐，有偏僻之疾。

甲子丙寅己巳丁卯時，必主再醮，是三四之命。

丁未戊申月戊申日丙辰時，其男為盜女淫奔。

卷四

乙丑年己卯月庚申日壬午時，生於豪家，又且發跡大旺資財。

乙丑壬午乙丑壬申，如此。

癸亥丁巳乙卯庚辰，配吏。

甲子年壬申月己巳日丙寅時，小富貴。

辛未年甲午月壬子日庚子時，須發跡，一生勞碌。

庚午己丑辛卯戊子，三次與女人打官司。

壬辰壬戌癸巳癸亥，二水二妻，三水三妻。

丙子辛卯癸亥乙卯，東坡，非不文章富貴，生於蜀而貶常、黃。案：即蘇軾。

四戊午，江西草寇。

四甲戌，庸人。

己未甲戌丙午戊子，運至辛未，己丑年賠了，辛卯年被人打死。

甲戌丙子丙子辛卯，中大風。

己未壬申丁巳壬寅時，少年及第而出閫邊疆，亦不免死。

壬戌丁未癸未乙未時，孤剋。

丙午丙申己卯己巳，周益公丞相，祿乃互換朝元，故主為宰相。案：周益公即周必大。

卷五

辛巳年戊戌月庚戌日辛巳時，方逢辰。案：即方夢魁，理宗淳祐十年西元一二五〇年進士第一。

甲戌年丙寅月辛巳日甲午時，章公鼎，少年黃甲及第。

壬申丙午甲子丁卯，談采，申酉運中及第。

丙子年辛卯月戊申日癸亥時

乙丑年己卯月庚申日壬午時，戌亥子運中不為好，而大發。

癸酉年癸亥月乙卯日甲申時，女命，行寅卯運三十五歲而死。

丁酉丁未丁丑甲辰時，冷撫屬，一身大富，其子登第。

戊辰丁巳庚午丙子，亦發。

庚寅庚辰丁未庚戌時，一生屠宰。

乙丑年丙戌月辛未日丙申時，僅五十有餘而發背身死，亦是偏生及無兄弟。

己未年壬申月丁巳日壬寅時，李侍郎，為邊大帥，斬斫自由而後建節。

附 格物至言

校訂序

「因歎世間奇書湮滅，不傳者不知凡幾。」《格物至言》（以下簡稱《格物》）即是如此一部奇書。是書「專論日元，次配四柱之支干，再辨行運之喜忌，聞其說多奇驗」，詳解一千一支組合搭配性情，為《造化玄鑰》、《窮通寶鑒》調候理論之法源，作者不知為何許人也。

《格物》乙巳條云：「乙巳，倒插花卉之木也，安南秧可參此論。」安南稻是通過明代中越兩國人員往來而傳入福建漳州地區，據《福建通志》記載：「安南稻，明成化（西元一四六五至一四八七年）初，郡人得安南稻一種。五月先熟，米白。」由此推斷，《格物》成書當在明憲宗成化時期之後。

是書載於明後期《天元大成》名為《格物至言》，載於清康熙《御定子平》名為《日元確論》，載於清嘉慶《星平大成》名為《生成造化》。各本文句多有出入，而文意相差無多，其中又以《天元大成》成書為先。

自辛卯年起，余歷經數年逐字校訂是書，所據底本模糊不清之處仍甚多。因緣際會，甲午年初春偶得臺灣國家圖書館藏署名蔣大鴻撰《天元大成》清早期抄本。以此為底本，重新校訂《格物》一書，以期為廣大師友提供一研習之善本。疏漏之處，尚請方家指正。

歲次甲午仲夏東海舟山莊圓於滬上客舟堂

格物至言引

命之理微，俗術多不驗，唐呂才作《辨命論》，則皆不得其要也。古三命以太歲為主，子平始以日干為主，神峰再辟其謬。王文成未第時受書一卷，得之洪都道士於鐵柱觀，曰《格物至言》，專論日元，次配四柱之支干，再辨行運之喜忌，聞其說多奇驗，數十年來多詢訪星家，皆未之見。一旦遇燕客，獲諸笥中。客以帖括取科第，亦無意蓄之，曾無過而問者，及一見詫歎，由此人稍稍耳其名。因歎世間奇書湮滅，不傳者不知凡幾。幸而遇之，可以小道而忽諸。

格物至言目錄

格物至言

明佚名　撰集

明鐵柱觀洪都道士　述傳

東海舟山莊　圓　校訂

甲

陽木，乃參天兩地、舒枝抽幹之木，一下地那移不得。勿論春夏秋冬，勿論良楛巨細，總要重土厚培。先壯根柢，然後徐尋火金水木，以講富貴、貧賤、壽夭之徵。所謂欲圖長久千年計，須向沙泥萬丈埋也。若土薄根搖，未論到金尅、水盪、木刼、火焚，已遭夭折。蓋根不深而風不怕者，未之有也。

甲子

空心衰敗之木也。先看枝柱土培，更看左右根繁，方看天干，或金為棟樑斧斤，或火為木火通明，或土為殷實篤厚，或木為鬱蒼秀古。或全或毀，或奇或正，或平或偏，始定其品。局若無土培根繁，更有馬衝鬼淩，不問而知其夭折。至運乖時蹇，猶其次耳。

大略喜行火土與木運，忌金水漂蕩運。

甲寅

碩果品匯之木也。果當祿食，先要有人看守，方免睥睨標竊。再無刑害衝破，得保累實珠璣。加以根葉芭茂，財官並著，則享專祿果報。若無看守，名利虛花。或有刑衝，福祿自耗。看守維何，庚辛是也，但辛不如庚耳。

大略先喜庚，次喜辛，次喜財食印綬安靜，最忌無官殺復行比劫刑衝破敗運。

甲辰

鬱濕水松之木也。氣鬱神固，根壯蒂穩。人多含醇抱樸，少揮霍發揚。露庚露丙，或讀書一二發達。無庚無丙，便依阿苟且，福壽偏陂。不怕水局會叢，只怕刑衝劫害。

最喜丙丁戊己寅午戌木火土運，忌申酉亥子丑抑鬱運。

甲午

工師運斤之木也。取於山，用於家。必要利器在手，方成梁棟。如無利器，徒為枯朽。利器維何，庚第一，辛次之。甲午逢庚，多為臺諫之官。如柱中有辰有亥，發福更大。

喜金水，忌木火土運。

甲申

刋斷入水之木也。根雖斷，精液猶存，每絕處再生。一入水底，水潤精液，與金石同堅，便可頂天立地。是以四柱程途多逢水局，無人不發。倘一暴十寒，枯朽立至，所謂枯木偏宜活水長濡也。

喜金水木濕泥，忌火土枯燥運。

甲戌

窖土松杉之木也。土存則存，土散則散。必要培戊，勿衝戊。然後看官殺，以去枝蔓。再看雨露，以潤根荄。則上有一枝挺承，旁無餘蔓盜竊，前後左右一圍苞孕。其神氣堅固，自膺棟梁，富貴且享壽考果報。若刑衝破敗，則減半矣。

喜因時五行葆合運，忌違時五行衝尅運。

乙

陰木，名花佳卉、稻黍稷麥之類。嬝娜多姿，可以移東就西。要認春培、夏蔭、秋灌、冬曬之理，然後去留舒配。得宜為得用，失宜即失用。最怕甲木逼處為害，尤怕庚金掣肘不伸。其餘用舍配合，尚看廷獻。

乙丑

沾土初芽之木也。律均初轉，物　合解甲。一段氤氳柔弱，渾如元氣孕內。人存心仁厚篤摯，如穀種之敦化，宜樽養愛護，不宜摧殘。既怕旱又怕澇，喜雨暘時若，火土溫和為妙劑也。體用有戊寅，相逢無人不發。倘旱澇相侵、刑衝迭見，即失中和之位。育至參觀時令，尤吃緊法門。

喜木丙火戊土微雲細雨、溫和恬養運，忌甲木庚金旱澇刑衝戰鬬運。

乙卯

秀實祿品之木也。黍稷稻麥穀粟之類，不惟玩目，抑且充饑。祿食有餘，珍重可愛，加以財官印綬相護，富貴無疑。即參以食傷吐氣，亦為豪傑。最怕酉衝子刑，尤怕甲劫辰害。

喜辛金乙木水火土以護，忌庚金甲木辰子酉以傷。

乙巳

倒插花卉之木也，安南秧可參此論。喜庚壬相湊，無人不發，必科第參天。大抵敗而後成之木，要泥漿深埋，庚壬重襯，庶幾安穩易生。若遇一陽初復，更易生。最怕刑衝枯燥，牛羊摧殘。一衝即死，有搖亦枯。不衝不搖，雖無庚壬，只有酉丑相會，亦可托根延生矣。

喜金水濕泥會巳，忌木火燥土衝巳。

乙未

藤蘿施架之木也。柔順蔓延，人多委靡不振。喜高架相護，始得挺承雨露。故有架即沾君恩，無架終淪塵埃。高架維何，寅亥甲木是也。四柱無架，行運遇衝，不但名利敗壞，亦有性命之虞。

喜甲乙寅亥火土旺氣運，忌庚辛巳申午未庫墓運。

乙酉

盆花奇馥之木也。清新馨秀，可供帝玩。若干有財官印綬，支無刑衝破敗，必鑑賞多而廷獻易。因春夏秋冬之時令，任金木水火土之酌取。無甚利害相關，只怕午亥運，午破酉，亥刑酉，英華即散。更知乙酉為官為利有權殺，生子養子無終局。

喜酉時、護酉之五行，忌午亥破劫之程運。

乙亥

木上寄生之木也。從死處再生，須有依附而行。人多是移花接木，或晚子支庶。最要劫星安穩，而功名富貴自可意外奇逢。若甲萎亥衝，即夭折分離矣。

喜生扶及甲乙卯未寅亥相合，忌刻剝及申酉巳亥相衝運。

丙

陽火，太陽之光。不因春夏秋冬而論強弱，只可分晝夜而論生息。晝生人，要行健自強不息。夜生人，須恬靜至誠無息。合則得體得用，離為失體無用。再察太陽，晝生，未遇辰不嫌其弱。夜生，未遇戌還論其強。故卯生人雖丙辛妬合不妨，酉生人雖焚膏繼晷亦不妨。

丙子

日入咸池也。沐浴斯池，精液充足。夜生更得其體，晝生則減半矣。夜生會申辰亥丑更為上乘，晝生必遇東南寅卯巳午未方為有用。但生此日者多耽女色，易亂其性，不可不戒。

晝生強健，喜木火土運。夜喜靜息，金水運。

丙寅

日生暘谷也。勃勃升殿，氣淩萬夫。晝生會午更表英雄，夜生逢亥始葆元氣。最怕申馬衝馳，無端驚動。

晝喜會刃舒配，夜忌衝馬去留。

丙辰

日經天羅也。到此氣息有一番淹滯，人多混沌，主意遊移。晝生，要干支上眾陽扶起，則不墮天羅。夜生，要上干有食傷透露，下支有申子會合，則不觸天羅。倘晝日陰噎，夜夢驚醒，則不中和，便非好命，便恐不善終。

晝喜發強剛毅，夜喜靜息寧謐。

丙午

日麗中天也。羊刃轟烈，人多太剛，主刑妻之災。左右支柱，稍得金水，方成既濟。若加炎燥，難享全福。

晝生喜金水運，夜生忌木火土羊刃重逢運。

丙申

日照昆侖也。下有岷山澠池，太陽到此，與水相盪觸為紅霞。蓋晡而未暮，弱而無力，所謂丙臨申地火無煙也。夜生猶喜恬息相安，晝生再無前後扶起，必然多學少成，始勤終怠，更有夭折之患。紅霞晚照雖榮不久，人之光景亦是恍惚。

喜行木火土，忌金水陰曀運。

丙戌

日入地網也。旦晝濁氣未淨，暮夜清氣未湛。太陽到此，困迍極矣，人多晦倦暴躁。晝生，要支柱有寅午，加一番振頓。夜生，要支柱有亥子，成一段寧息。若晝無振頓之權，夜無寧息之體，其人無甚出頭處。

晝生喜木火寅午戌運，夜生喜金水亥子丑運。

丁

陰柔傳燈之火。可親可炙，或取於樹，或取於石，或取於引化。喜就燥不就濕，喜夜不喜晝。易引於乾柴，難生於濕木。甲用一二，乙其全需，癸實難堪，壬為最好。

丁丑

鑽激之火也。鑽燧於木利逢甲，激煙於石利用庚。總要火土乾地相逢，庶遂就燥之性。若投辰丑二庫，落西北二方，無不澌滅。

喜庚甲木火土燥運，忌辛水陰庫潮濕運。

丁卯

木屑香煙也。喜壬粘合，則香達帝都，名正官合來，滿面春風，不難富貴利達。若無壬水，只有癸水，則生滅迭見。不但功名難成，仍恐相激易敗。若無壬無癸，再加火土燥烈，則散漫無統，其人悠忽離散矣。

喜行金水潮濕，忌木火土乾燥。

丁巳

燧珠之火也。觸於曦光，則炎然可以燎原。若逢陰雨，百觸不生。其人功名富貴，都從直中取，勿向曲中求。喜生於乙巳、丙午、丁未三時，則炎燃立見功名易就。非此三時，則韜晦無聞。再加驛馬衝馳，必是傍人門戶，且不能多壽。

喜東南木火土開齊，忌西北金水庫墓運。

丁未

灰燼香煙也。火生土，土又生火，丁未是也。有煙無焰，全賴灰土。重埋則耐久不滅，人多混沌含鍔，功名不顯，福壽無疆。晝生全不見光彩，夜生或德色瑩徹。縱早年困屯多滯，必晚景康寧榮耀。只怕丑衝，未免尅妻。

喜行金水木運，忌火土並衝運。若四柱失中，又加酌論。

丁酉

琉璃燈光也。晶光融徹，夜生分外輝煌，晝生亦抱光自瑩。人多聰明伶俐，榮貴可知。最喜壬水乙木也，所忌癸與甲，求全反毀。尤忌午與卯，刑衝破耗。

喜乙壬火土金，忌癸甲丙午卯衝破。

丁亥

風前蠟燭也。炎光恍惚，第一喜壬官合來，名有罩高燈，可普照四方，可獨行千里，全不怕風雨，定為正途科第。若無壬，亦喜有庚在干，名曰壓鎮在手，可止風息浪，可鎮守邊疆，亦不怕風濤，必武貴轟烈。若無庚無壬，悠悠忽忽，難語功名富貴。再加有甲有衝，即貧窮夭折矣。

喜行壬庚火土，忌甲癸刑衝。

戊

陽土，岡陵山阜之土。喜博厚高大為得體，更喜喬木以壯其觀則有色，流水以結知音則有神，峻石以成峭厲則有骨。三者備矣，富貴福澤無窮。兼有撐持乾坤氣概。大抵佳山水，不過山明水秀，石峻水流。若不明為暗山，無木為童山，無金為媚山，無水為枯山，便不中矣。此山不妨官殺混雜，蓋博大之土，木愈多而山愈秀。不論梧檟樲棘，曾聞賀宰輔大造，得斯解矣。

戊子

蒙山也。山下有水，取其空而能響。諸佛說法之場，山鬼無不皈依。人多僧道轉身，降伏諸魔，故能統轄三軍。每以慈悲之心，發為攻伐之手，武弁多生此日。知滋潤胎息，有生生不已之妙，天下原無窮戊子是也。亦看上下左右，有財官印食所扶者何如。但此日生人，子嗣多艱，不艱即晚。

喜行火土寅午戌生扶，忌官殺卯申子辰尅洩。

戊寅

艮山也。靜而不動，取其長生趨艮。氣聚脈生，發育無涯。人多博厚弘毅有體，任重道遠有用。再加有食有殺有刃有財，富貴福壽更不可量。若刑衝破耗，或有申馬馳驅則減半。

喜財官印綬食傷舒配得宜，忌刑衝破耗偏畸失節。

戊辰

蟹象吐穎之山也。水從山腰津津細流，曰如蟹影，所謂淺水長流山不枯是也。其人財庫涵濡，終世不窮。再加喬木井闌、旭日峭石，自然富貴丕揚。即無此，亦不失為山水流音。可以到處說項，無貧賤之慮。所怕戌來填辰，大失元氣，恐有刑傷災晦。

喜行金水木申子辰運，忌火土寅午戌運。亦看強弱衰旺，再加去留酌取。

戊午

火山也。炎炎燥烈，羊刃特達。人多剛激性氣，易至刑尅，易成轟烈。不可無殺以制其凶，亦看其太剛激則用殺。若卑弱不明，則用刃以幫身，又不專用殺也。用殺必用食神以制殺，用刃必用印綬以扶刃。酌其強弱，配以生扶，文可巡撫，武可參鎮。

喜五行調劑，忌偏畸。

戊申

石山也。帶石崔巍，氣象巉巖。其人中無邪曲，外可共瞻。決有儼然威儀，可為官長模範。只是坐馬多搖動，主意不堅持。最喜金水木點綴明秀，忌火土燥烈，神色焦枯。

喜行金水木土，忌丙丁午未。亦酌盛衰，為去留舒配。

戊戌

魁罡，演武山也。英雄吐氣，人多忼慨豪俠。要有刃為有權，博厚為得用。加以殺刃財食，相制相扶。或戊癸知音，名利發揚。只怕辰衝，再怕上下皆水，為背水陣，不博厚自不中矣。

喜行五行舒配得宜，忌卯酉與申子辰運。

己

陰土，田園稼穡，茀厥豐草。先勿令官殺混雜，更遇雨暘時若，高濕得宜。又春耕喜木，夏耘喜水，秋收喜火與金，冬藏喜土。數者得宜，自然秀實，受享富貴。更知向陽之地，春光先到。蓋己逢丙，無人不發。即舒配酌取，終能發達者，不離丙火範圍。

己丑

水腴田也。稻稌宜濕，極多脂澤，易慶有年。最喜丙露天干，太陽薰炙，苗易秀寔。正印有權，頻見文章科第勳業。更有武庫衝開，殺印相錯，亦成文武功名，或殷實財福，決非庸碌。

喜行火土乙運，忌金水甲運。若過於衰旺，又當酌取。

己卯

休囚失氣之土。地本磽薄，且多剝削虛損。所謂己土坐卯，未中年先作灰心是也。人無祖父燕詒，亦無貨殖厚積。最喜干露丙丁，支藏丑戌，庶幾可救，可享富貴福壽。若干無丙丁資扶，支無丑戌幫襯，又有子酉刑衝，貧夭無疑。

喜行火土甲木丑戌，忌金水乙木申子卯酉，行卯必死。

己巳

嶺頭稼檣也。黍宜高燥，己易見暘，人亦秀實。只怕旱怕澇，其年月日時不宜燥烈，要雨暘時若，人事勤謹，自然富貴福壽。

喜行金水木，忌火土合燥運。若衰旺，當酌用。

己未

入土稼檣也。土喜高燥怕汗濕，喜培植怕衝害。土培不深，則稼檣不厚。如參藥竽薯之類，更有外實內虛之象，必有生機為妙。人多忠厚謹守，不免刑妻。若子穿丑衝，則土薄不中矣。

喜行會合化土培植，忌剝削衝尅運。

己酉

築地稼檣也。雖坐長生，實未腴熟。砌斜為正，築虛為實，瘠磽殆甚。最喜干支有丙寅培植，富貴無涯。若無培植，又多尅削，則富貴難望。故舒配得力者，丙寅二字。

喜行甲木火土，忌乙木金水。

己亥

注地稼檣也。多見潮濕，少見暘光。三冬雨收，人多淫逸耗損。惟丙火常炙，旱天頻值，庶得秀寔富貴。若遇陰木陰水，終妨福壽。

喜行甲木火土乾燥運，忌乙木金水庫注運。

庚

陽金，鋼鐵劍戟之類，堪為大用。先辨生熟，後酌其舒配。寒凝未熟之金，必水火鍛煉，纔得成器。若鋒銳已成，必金水淬礪，方能吐氣。身強有劫，怕財勾爭，喜子化父。身弱無力，喜刃幫身，好劫敵慍，妙理須參。

庚子

倒懸鐘磬也。金空則響，偏喜坐子死地。土實無聲，最忌丑戌相逢。此庚內虛外實，人必聰明內含，聲名遠播，如鼓鐘於宮，聲聞於外也。惟財殺空靈，則富貴利達。若火土填塞，則闇汶無聞。

喜行金水木火虛靈，忌火土塞實。

庚寅

入冶爐鈕也。初鎔之金，必水火交集，變質甚易。倘食傷一見，躍冶可虞。至去留舒配，或文或武。加痕水泥漿，則閱涉有趣。

喜木火土乾燥，忌金水木潮濕。

庚辰

水師將軍也。決須有刃相逢，則勇敢莫敵，文可科第巡撫，武可征剿總鎮。如無刃或比劫雲集，亦是授兵敵愾。再有戊寅資扶，亦是膂力經營。故除刃外有劫印威權，亦可成名行伍。倘無刃又無援兵又無膂力，則怯弱一事無成，名病後金剛，反為魔伏。

喜行刃劫金水，忌木火庫墓，更忌水師沿陸，舟楫難行，怕逢未戌刑衝運。

庚午

出冶爐錘也。既煉之金，急要干支有水，方得淬礪成鉶，名成文武。若無金水，又加木火，必至過激，頓成夭折，故急急用水，而用刃又其次耳。

喜行金水運，忌木火土運。

庚申

已成劍戟也。最怕再遇火鄉而支壞。故生於丙丁寅午戌時，則名利無成。若會申子辰，得辛金壬癸相湊，劍氣自衝牛斗，定為王朝重寶，福壽無疆。

喜行金水，忌木火土運。

庚戌

陸路將軍也。入土無光，易至塵埋。亦要羊刃相逢，方為抵敵前茅。即膂力方剛，援兵敵愾，亦建功名。倘無刃又無援無力，則單弱無勇。一投壬癸申子辰水地，手足俱疲，不但名利無成，亦難保性命。最忌者辰，一衝即死。陸師入水，勇無所施也。

喜行金火土，忌水庫水鄉。

辛

陰金，珠玉珍寶之類。性地虛靈，氣稟晶瑩。先要印綬以資其質，更要食傷以吐其氣。陽和沙水，是其妙劑。大約精不宜粗，用粹不宜急投。春冬喜微火，夏秋喜清水。

辛丑

初孩胎息之金也。澤地萃金，清不離濁。胎未離元，急要保護，勿摧殘動損。須知胎於戊於寅於戌，類乎玉出昆岡。胎於庚於辰於子，類乎金生麗水。亦有老蚌生珠，或是晚生庶出。故有戊有庚有寅戌有辰子，富貴可期。再加無衝無刑無破與敗，福壽可享。善護則為國家奇寶，不護則為淤泥棄物。

喜行金水沙土生扶運，忌木火卯未刑衝運。

辛卯

水晶之金也。水液陽光，氣凝土蘊，結為玳瑁，或金錫追琢，首飾翡翠，求為菲薄。是皆坐卯之辛，質極虛幻脆薄。雖為可愛，實易毀壞。人多孤介決絕，必輔以戊子戊戌及支柱丙戌相扶，庶有所托以行於世，可獲名利、妻子、福壽之果。若無戊子、戊戌、丙戌相扶，即單有丙丁照耀，亦是官貴虛邀，多是僧尼現世，或無嗣承祧，或貧窮夭折，或骨肉寡情。

喜行金土子戌生扶，忌水火亥卯尅洩。如遇水運，看前後左右，另為酌用，必有印綬，始用食傷，不然吐氣反洩氣矣。

辛巳

石中璞玉也。藏石未雕，雕琢之功，惟水得以表見。所謂玉出昆岡，雨後吐采也。用水剖璞，石匠可參。生此日者，如天干有水，則清白可愛，富貴利達，文武皆然。即支藏有水，亦足沾潤售知。如干支無水，縱有財官，亦不中矣。若丙辛化水，尚可說項見知，偏喜亥衝為妙。其老蚌生珠，亦類辛丑也。總要有水方能吐氣。

喜行金水，忌木火土。

辛未

谿土成金也。金從土生，得土即得金。此日先要戊己資扶，次要壬癸吐氣。但己不如戊，癸不如壬。只怕甲乙透出尅土，再怕陰時淹滯，難以成煉。如有土有水，一煉成金，即售高價。或有甲乙，其行運能祛者，亦沽美玉。大約看福壽以水土為主，二者俱不可傷。

喜土金水，忌木姤合並陰庫運。

辛酉

珍貴金玉也。專祿為瑚璉珍器，有水透出方為清白。加之無木無火無庚，無暴棄無枘鑿，便為朝廟至寶，名利顯著。

喜行金水運，忌木火土刑衝運。

辛亥

水底珠玉也。淘沙見金，名利從勞力憂患中來。最喜寅合，名撈金用篩，文武即登彼岸。如無寅，得土水落，亦足見金。倘值汗泥刑庫，反加沉淪苦海。

喜行寅午戌火土運，忌申子辰水庫運。

壬

陽水，天河雨露也。作雲普潤，為福無涯。若無雲之雨，涸可立待。故先要密雲為有用，至用甲乙為吐氣，又其次耳。及水旺用土，此去留舒配，非論體也。其雲惟何，庚辛是也。

壬子

波濤之水也。有殺制刃，則狂瀾底柱，清宴立俟，文武有總制鎮撫權位。再加印綬食傷，與官殺互相制伏，富貴難量。否則氾濫無依，死無棺槨。

喜行火土成壩，忌金水木衝壩。

壬寅

雨落沙堤也。見其入，不見其出。人似財利貪慳，多生富貴之後。最喜雲雨交集，趨艮利達，發福無涯。有木透出，多武貴。若四旁火燥，是鎔冶之輩。

喜行金水木，忌火土及午戌運。

壬辰

壬騎龍背名魁罡。第一要遇亥子之刃，則龍可飛天入淵。更喜甲庚為風雲際會，則升騰潛躍。得此數者，文武科第，富貴利達。蓋辰多則貴，寅多則富。惟見戌無情，玄黃野戰。

喜行金水木申子辰亥子丑運，忌火土巳午未寅戌運。

壬午

水火既濟。胎元生息，不難灌溉。身家只看前後，孰畸孰正。然後去留舒配，或補水或補火。勻停即富貴，失停即貧賤。

喜忌先看偏正，後酌用舍。

壬申

水滿渠成也。生生恬息，清白在躬。再生於秋或際乎庚，定主富貴。

如生春夏，則減半。再察前後左右，有刃則用殺，無刃則不宜用殺。最忌甲與戊太狠，以致過纇在山，反失順流之性。

喜行金水火，忌木土，亦斟酌舒配。

壬戌

驟雨易晴也。凡名利妻子，多是遇而不遇。若前後有金水相湊，則不遇轉為奇遇。不然，終不中也。

喜行金水，忌木火土。

癸

陰水，河澗川澤也。生於卯，蓋木生水之說。偏喜林木茂盛，得以浚源導流。故喜乙木吐氣，所謂風來水面時也，决然文章科第，仍見清逸佳致。如無乙干卯支，則無文章寧有科第。若庚申辛酉相扶，則源流亦清徹可嘉。最不利者，戊土透出化火，反見利令智昏。

癸丑

穢積叢雜之水也。眾水交集，氣息多鬱，為人心事齷齪。必要上下四支有乙干卯支以通氣疏息，定然科第。若無乙卯有甲寅，亦可乘風破浪，堪許利達。不是性氣多暴，便作事多險，有成有敗，終不如乙卯之安吉。倘甲寅乙卯俱無，則不中矣。若丑未相衝偏可喜，子丑相合亦不為妙。

喜行金水木，忌火土運庫運。

癸卯

林中澗泉也。癸生在卯，無一點渣滓，且清風徐來，其人心地明白慈祥，情懷瀟灑磊落，不但文章易成科第，心術直可挽回惡俗。只怕前後有濁水濁土相混，則不中。

喜行金水木，忌火土運。

癸巳

岡阜岑阿水也。漲流不清，開口裝天，名財官雙美，水火既濟。人多自作乾坤，自營名利，未必祖父燕詒。最喜山林茂盛，雲雨陰曀，則潮濕不竭，即成富貴。最忌支柱有亥衝，則堤壞而水枯，便不中矣。刑害之不利，猶其次耳。

癸未

洲澤灣曲之水也。坐於未庫，流為灣曲之象。人多假道學，心事有外清內蒙之象。最喜金水透出天干，亥卯會入地支，以成利達之美。若火土重逢，多是遇而不遇。

喜行金水木，忌火土庫。

癸酉

石孔流泉也。水生於石，其流極清，人必祖父簪笏世家。人有義氣，才有擔當，清白家風，文章俊秀。但前後有木蔭庚潤，則清白不替，繩祖武、登科第。若有庚無木，有木無庚，則減半。如概無庚無木，或有衝破，必愧先人。

喜行金水木，忌火土運。

癸亥

水天一色也。脈出昆侖，氣通乾亥，渾渾淪淪，與天無二，名還元之水。人元氣葆涵，機械不生。再加有木，清風徐來，自然是羲皇以上之人。功名富貴，猶其小耳。最怕左右有巳亥刑衝相混，再有狂風暴雨之甲壬相雜，便不中矣。

喜行平穩會合運，忌刑衝作浪運。

格物至言終

占筮類			
1	擲地金聲搜精秘訣	心一堂編	沈氏研易樓藏稀見易占秘鈔本
2	卜易拆字秘傳百日通	心一堂編	
3	易占陽宅六十四卦秘斷	心一堂編	火珠林占陽宅風水秘鈔本
星命類			
4	斗數宣微	【民國】王裁珊	民初最重要斗數著述之一；未刪改本
5	斗數觀測錄	【民國】王裁珊	失傳民初斗數重要著作
6	《地星會源》《斗數綱要》合刊	心一堂編	失傳的第三種飛星斗數
7	《斗數秘鈔》《紫微斗數之捷徑》合刊	心一堂編	珍稀「紫微斗數」舊鈔秘本
8	斗數演例	心一堂編	
9	紫微斗數全書（清初刻原本）	題【宋】陳希夷	斗數全書本來面目；有別於錯誤極多的坊本
10-12	鐵板神數（清刻足本）——附秘鈔密碼表	題【宋】邵雍	無錯漏原版秘鈔密碼表　首次公開！
13-15	蠢子數纏度	題【宋】邵雍	蠢子數連密碼表　打破數百年秘傳　首次公開！
16-19	皇極數	題【宋】邵雍	清鈔孤本附起例及完整密碼表　研究神數必讀！
20-21	邵夫子先天神數	題【宋】邵雍	附手鈔密碼表　研究神數必讀！
22	八刻分經定數（密碼表）	題【宋】邵雍	皇極數另一版本；附手鈔密碼表
23	新命理探原	【民國】袁樹珊	子平命理必讀教科書！
24-25	袁氏命譜	【民國】袁樹珊	
26	韋氏命學講義	【民國】韋千里	民初二大命理家南袁北韋
27	千里命稿	【民國】韋千里	
28	精選命理約言	【民國】韋千里	北韋之命理經典
29	滴天髓闡微——附李雨田命理初學捷徑	【民國】袁樹珊、李雨田	命理經典未刪改足本
30	段氏白話命學綱要	【民國】段方	民初命理經典最淺白易懂
31	命理用神精華	【民國】王心田	學命理者之寶鏡

32	命學探驪集	【民國】張巢雲	發前人所未發 稀見民初子平命理著作
33	澹園命談	【民國】高澹園	
34	算命一讀通——鴻福齊天	【民國】不空居士、覺先居士合纂	
35	子平玄理	【民國】施惕君	
36	星命風水秘傳百日通	心一堂編	
37	命理大四字金前定	題【晉】鬼谷子王詡	源自元代算命術
38	命理斷語義理源深	心一堂編	稀見清代批命斷語及活套
39－40	文武星案	【明】陸位	失傳四百年《張果星宗》姊妹篇 千多星盤命例　研究命學必備
相術類			
41	新相人學講義	【民國】楊叔和	失傳民初白話文相術書
42	手相學淺說	【民國】黃龍	民初中西結合手相學經典
43	大清相法	心一堂編	重現失傳經典相書
44	相法易知	心一堂編	
45	相法秘傳百日通	心一堂編	
堪輿類			
46	靈城精義箋	【清】沈竹礽	沈氏玄空遺珍 玄空風水必讀
47	地理辨正抉要	【清】沈竹礽	
48	《玄空古義四種通釋》《地理疑義答問》合刊	沈瓞民	
49	《沈氏玄空吹虀室雜存》《玄空捷訣》合刊	【民國】申聽禪	
50	漢鏡齋堪輿小識	【民國】查國珍、沈瓞民	失傳已久的無常派玄空經典
51	堪輿一覽	【清】孫竹田	
52	章仲山挨星秘訣（修定版）	【清】章仲山	章仲山無常派玄空珍秘 門內秘本首次公開 沈竹礽等大師尋覓一生未得之珍本！
53	臨穴指南	【清】章仲山	
54	章仲山宅案附無常派玄空秘要	心一堂編	
55	地理辨正補	【清】朱小鶴	玄空六派蘇州派代表作
56	陽宅覺元氏新書	【清】元祝垚	簡易・有效・神驗之玄空陽宅法
57	地學鐵骨秘　附　吳師青藏命理大易數	【民國】吳師青	釋玄空廣東派地學之秘
58－61	四秘全書十二種（清刻原本）	【清】尹一勺	玄空湘楚派經典本來面目 有別於錯誤極多的坊本

62	地理辨正補註　附 元空秘旨　天元五歌　玄空精髓　心法秘訣等數種合刊	【民國】胡仲言	貫通易理、巒頭、三元、三合、天星、中醫
63	地理辨正自解	【清】李思白	公開玄空家「分率尺、工部尺、量天尺」之秘
64	許氏地理辨正釋義	【民國】許錦灝	民國易學名家黃元炳力薦
65	地理辨正天玉經內傳要訣圖解	【清】程懷榮	秘訣一語道破，圖文并茂
66	謝氏地理書	【民國】謝復	玄空體用兼備、深入淺出
67	論山水元運易理斷驗、三元氣運說附紫白訣等五種合刊	【宋】吳景鸞等	失傳古本《玄空秘旨》《紫白訣》
68	星卦奧義圖訣	【清】施安仁	
69	三元地學秘傳	【清】何文源	
70	三元玄空挨星四十八局圖說	心一堂編	三元玄空門內秘笈　清鈔孤本 過去均為必須守秘不能公開秘密 與今天流行飛星法不同
71	三元挨星秘訣仙傳	心一堂編	
72	三元地理正傳	心一堂編	
73	三元天心正運	心一堂編	
74	元空紫白陽宅秘旨	心一堂編	
75	玄空挨星秘圖　附 堪輿指迷	心一堂編	
76	姚氏地理辨正圖說　附 地理九星并挨星真訣全圖　秘傳河圖精義等數種合刊	【清】姚文田等	蓮池心法　玄空六法 門內秘鈔本首次公開
77	元空法鑑批點本——附 法鑑口授訣要、秘傳玄空三鑑奧義匯鈔　合刊	【清】曾懷玉等	
78	元空法鑑心法	【清】曾懷玉等	
79	蔣徒傳天玉經補註	【清】項木林、曾懷玉	
80	地理學新義	【民國】俞仁宇撰	揭開連城派風水之秘
81	地理辨正揭隱（足本）　附連城派秘鈔口訣	【民國】王邈達	
82	趙連城傳地理秘訣附雪庵和尚字字金	【明】趙連城	
83	趙連城秘傳楊公地理真訣	【明】趙連城	
84	地理法門全書	仗溪子、芝罘子	巒頭風水，內容簡核、深入淺出
85	地理方外別傳	【清】熙齋上人	巒頭形勢、「望氣」「鑑神」
86	地理輯要	【清】余鵬	集地理經典之精要
87	地理秘珍	【清】錫九氏	巒頭、三合天星，圖文並茂
88	《羅經舉要》附《附三合天機秘訣》	【清】賈長吉	清鈔孤本羅經、三合訣法圖解
89-90	嚴陵張九儀增釋地理琢玉斧巒	【清】張九儀	清初三合風水名家張九儀經典清刻原本！

91	地學形勢摘要	心一堂編	形家秘鈔珍本
92	《平洋地理入門》《巒頭圖解》合刊	【清】盧崇台	平洋水法、形家秘本
93	《鑒水極玄經》《秘授水法》合刊	【唐】司馬頭陀、【清】鮑湘襟	千古之秘，不可妄傳匪人
94	平洋地理闡秘	心一堂編	雲間三元平洋形法秘鈔珍本
95	地經圖說	【清】余九皋	形勢理氣、精繪圖文
96	司馬頭陀地鉗	【唐】司馬頭陀	流傳極稀《地鉗》
97	欽天監地理醒世切要辨論	【清】欽天監	公開清代皇室御用風水真本
三式類			
98－99	大六壬尋源二種	【清】張純照	六壬入門、占課指南
100	六壬教科六壬鑰	【民國】蔣問天	由淺入深，首尾悉備
101	壬課總訣	心一堂編	過去術家不外傳的珍稀六壬術秘鈔本
102	六壬秘斷	心一堂編	
103	大六壬類闡	心一堂編	
104	六壬秘笈——韋千里占卜講義	【民國】韋千里	六壬入門必備
105	壬學述古	【民國】曹仁麟	依法占之，「無不神驗」
106	奇門揭要	心一堂編	集「法奇門」、「術奇門」精要
107	奇門行軍要略	【清】劉文瀾	條理清晰、簡明易用
108	奇門大宗直旨	劉毗	天下孤本　首次公開 虛白廬藏本《秘藏遁甲天機》 奇門不傳之秘　應驗如神
109	奇門三奇干支神應	馮繼明	
110	奇門仙機	題【漢】張子房	
111	奇門心法秘纂	題【漢】韓信（淮陰侯）	
112	奇門廬中闡秘	題【三國】諸葛武候註	
選擇類			
113－114	儀度六壬選日要訣	【清】張九儀	清初三合風水名家張九儀擇日秘傳
115	天元選擇辨正	【清】一園主人	釋蔣大鴻天元選擇法
其他類			
116	述卜筮星相學	【民國】袁樹珊	民初二大命理家南袁北韋
117－120	中國歷代卜人傳	【民國】袁樹珊	南袁之術數經典